대단치 않지만 뿌듯한 내음악 만들기
오늘부터 '작곡'을 시작합니다

오늘부터 '작곡'을 시작합니다
대단치 않지만 뿌듯한 내음악 만들기

2판 1쇄 2022년 9월 2일

지은이 monaca:factory(10日P)
옮긴이 윤인성
발행인 최홍석

발행처 (주)프리렉
출판신고 2000년 3월 7일 제 13-634호
주소 경기도 부천시 원미구 길주로 77번길 19 세진프라자 201호
전화 032-326-7282(代) **팩스** 032-326-5866
URL www.freelec.co.kr

편집 고대광
표지 디자인 황인옥
본문 디자인 박경옥

ISBN 978-89-6540-247-3

✧ 대단치 않지만 뿌듯한 ✧

내 음악 만들기

오늘부터 '작곡'을
시작합니다.

music

monaca:factory10BP 지음 · 윤인성 옮김

프리렉

TSUKURINAGARA OBOERU MIKKA DE SAKKYOKU NYUMON

by monaca:factory, 10日P

Originally published in Japan in 2016 by Yamaha Music Entertainment Holdings, Inc.

Copyright © by Yamaha Music Entertainment Holdings, Inc.

Korean translation rights arranged with Yamaha Music Entertainment Holdings, Inc.

through Shinwon Agency Co.

머리말

"Youtube", "니코니코 동화", "iTunes"...... 음악은 컴퓨터와 인터넷을 통해 듣는 것이 당연한 시대가 되었습니다. 작곡도 마찬가지입니다. 이제는 프로와 아마추어 모두 PC를 사용해서 쉽고 간편하게 작곡을 할 수 있는 시대가 되었습니다. 음악을 만드는 전문 스튜디오가 아니라 집에서 곡을 만들어 발표하더라도 사람들이 곡을 들어줄 수 있는 시대가 되었습니다. 누구나 크리에이터가 될 수 있는 기회가 눈 앞에 펼쳐지게 된 것입니다.

이 책은 완전한 초보자라도 작곡 소프트웨어를 사용해서 작곡을 공부할 수 있게 구성되어 있습니다. 작곡 지식이 있다고 작곡 소프트웨어를 사용할 수 있는 것도 아니고, 작곡 소프트웨어만 사용할 수 있다고 작곡을 할 수 있는 것도 아닙니다. 이 책의 "3일 입문편"에서는 작곡을 위한 합숙을 한다고 생각하고 실제로 곡을 만들면서, 작곡 감각을 익혀봅시다.

책과 함께 제공하는 파일에는 Takabo Soft "Domino"라는 무료 소프트웨어가 들어 있습니다. Windows를 사용하는 분이라면 이 소프트웨어를 사용하면서 진행합시다. 필자도 처음으로 작곡을 할 때는 이 프로그램을 사용했습니다.

Mac을 가진 분이라면 기본적으로 설치되어 있는 "GarageBand"라는 소프트웨어를 사용해주세요.

비싼 소프트웨어를 갖고 있다고 해도 기초적인 작곡 능력이 없다면 아무 의미 없습니다. 만약 현재 갖고 있는 DAW(디지털 오디오 워크스테이션, Digital Audio Workstation)가 없다면 이러한 무료 소프트웨어로 2~3곡 정도는 만들어 보고 생각해봅시다.

책 하나를 본다고 갑자기 실무에서 작업하는 프로처럼 곡을 만든다는 것은 당연히 불가능합니다. 하지만 스스로 생각해낸 곡은 전문적인 스튜디오에서 만든 곡보다 큰 의미가 있을 것입니다. "나도 해보고 싶다"라는 생각이 조금이라도 있다면 이미 작곡가의 길에 한 걸음 내딛은 것입니다.

monaca:factory(10日P)

역자의 말

이 책의 일본 원서는 Domino라는 일본어만 지원하는 MIDI 소프트웨어로 집필되었으며, 부록으로 GarageBand의 사용 방법을 설명합니다. 번역하는 과정에서 일본어만 지원하는 Domino라는 프로그램을 사용할 수 없기에 무료로 별도의 장비(라이센서 USB 등) 없이 사용할 수 있는 Studio One 5 Prime을 사용하기로 했습니다.

처음 DAW를 사용할 때는 단축키가 익숙하지 않아서 굉장히 힘들 수 있습니다. 간단한 MIDI 입력 방법은 역자의 유튜브에서 짧게 설명하므로 잘 모르겠다면 참고해보기 바랍니다.

윤인성

그림으로 알아보는
이 책의 흐름

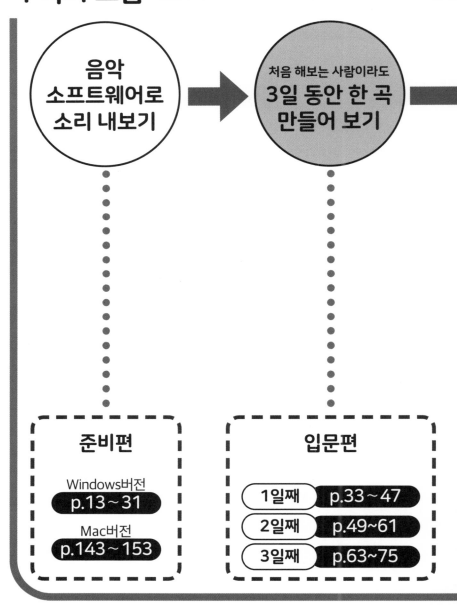

음악 소프트웨어로 소리 내보기

처음 해보는 사람이라도
3일 동안 한 곡 만들어 보기

준비편

Windows버전
p.13 ~ 31

Mac버전
p.143 ~ 153

입문편

1일째 　p.33 ~ 47
2일째 　p.49~61
3일째 　p.63~75

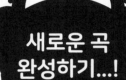

새로운 곡
완성하기...!

작곡 센스를 올려주는
**원-포인트
레슨**

작곡력 향상을 위한
**간단한
이론 강좌**

**샘플 곡
살펴보기**

스탭업 편	레벨업 편	실전 활용편
p.77~91	p.93~127	p.129~142

contents

예제 파일을 사용하는 법

프리렉 홈페이지 도서 자료실(https://freelec.co.kr/datacenter/)에서 예제 샘플 음원을 내려받을 수 있습니다. 샘플 음원을 받을 수 있는 도서 자료실에서 [3일작곡입문.exe] 파일을 내려받아 실행하면 C:₩3DAYMUSIC 폴더가 만들어지며 아래 내용을 확인할 수 있습니다.

※컴퓨터의 사양이나 버전에 따라 조금 다를 수 있으며 실행파일이 열리지 않는 경우나 사용자가 직접 설치하고자 하는 경우 압축파일 [3일작곡입문.ZIP]을 받아 설치하시기 바랍니다. 내용은 같습니다.

〔3DAYMUSIC〕 폴더

1_Windows   2_Mac   3_음원파일

1_Windows 폴더
윈도우와 맥 등의 운영체제에서 모두 사용할 수 있는 Studio One 5 Prime 파일이 들어 있는 폴더입니다. Studio One 5 Prime과 관련된 자세한 설명은 13페이지를 참고해주세요.

2_Mac
맥에서 사용할 수 있는 Garage Band 파일이 들어 있는 폴더입니다. Garage Band와 관련된 자세한 설명은 147페이지를 참고해주세요.

3_ 음원파일
이 책의 **Audio 00** 에 해당하는 음원(mp3 파일)이 들어 있는 폴더입니다.

과정들이 조금은 어려울 수 있습니다. 조금 어렵다면 역자의 유튜브 채널에서 소프트웨어 설치와 간단한 조작법 등을 설명하고 있으니 동영상 강의와 함께 시작하세요.

https://www.youtube.com/c/ 윤인성

준비편

작곡
소프트웨어와
친해지기

(Studio One 5 Prime 버전)

어떤 일이든 시작하기 전에 준비하는 과정은 굉장히 중요합니다. 이 책에서 말하는 준비는 "작곡 소프트웨어를 사용해서 음을 내보는 과정"까지를 의미합니다. 여기까지 할 수 있다면 이를 악기처럼 사용해서 음을 연주하기만 하면 됩니다.

Studio One 5 Prime으로 소리 내보기

작곡 소프트웨어 Studio One 5 Prime 설치하기

이 책에서는 무료로 사용할 수 있는 Studio One 5 Prime을 사용합니다. Studio One 5 Prime만 갖고 있는 기능을 따로 사용하지 않으므로 미디 작업을 할 수 있는 소프트웨어라면 다른 어떠한 것을 사용해도 상관없습니다.

> 이 프로그램은 macOS에서도 사용할 수 있습니다. 다만 macOS에서 Logic Pro X 등을 사용하고 싶은 독자도 있을 것입니다. 143페이지의 "작곡 소프트웨어와 친해지기(GarageBand 버전)에서 Logic Pro X와 조작 방법이 거의 비슷하며, 무료로 사용할 수 있는 GarageBand를 다루므로, 관심이 있다면 해당 내용을 참고해보기 바랍니다.

◆ PreSonus 가입하기

일단 Studio One 5 Prime을 사용하려면 이를 무료로 배포하고 있는 'PreSonus Shop'에 가입해야 합니다. PreSonus Shop(https://shop.presonus.com/)으로 들어가주세요. PreSonus Shop 페이지 가장 아래에 있는 'Support Resources'

카테고리의 'My.PreSonus' 링크를 눌러서 로그인 페이지에 들어갑니다.

* 사이트 변경으로 로그인과 링크의 위치가 조금씩 달라질 수 있습니다. 변경 사항이 있을 경우 프리렉 홈페이지 자료실을 참고해주세요.

로그인 페이지에 들어가면 'Create Account'라는 링크가 있습니다. 이를 클릭해서 계정 생성 페이지로 들어갑니다.

계정 생성 페이지에서 각각의 항목을 입력해주세요. Email과 Password 항목을 제외하면 사실 대충 입력해도 큰 문제가 없습니다. 적당하게 입력해주세요.

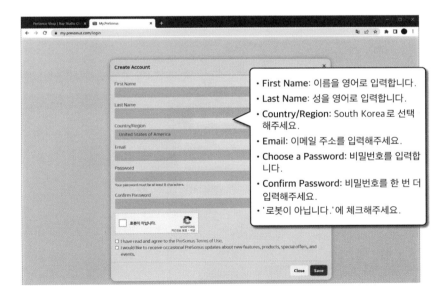

내용을 모두 입력하고 Create My PreSonus Account 버튼을 클릭하면 Account Activation이라는 내용의 메일이 옵니다. 이 메일 내부에 있는 Please click here to activate your account라는 링크를 누르면 계정이 활성화됩니다. 기본적으로 계정을 활성화하면, 로그인이 이루어집니다. 로그인이 이루어지면, PreSonus Shop 오른쪽 위에 프로필 사진이 출력됩니다. 만약 출력되지 않는다면, PreSonus Shop 페이지 가장 아래에 있는 'Support Resources' 카테고리의 'My.PreSonus' 링크를 눌러서 로그인해주세요.

◆ Studio One 5 Prime 무료로 구입하기

가입을 완료했다면 로그인하고 Studio One 5 Prime 구매 페이지로 가셔서 무료로 구입하고 다음 순서에 따라 내려 받을 수 있습니다.

> Studio One 5 Prime 구매 페이지
> **[URL] https://shop.presonus.com/Studio-One-5-Prime**

1 Add to Cart 버튼을 눌러주세요.

2 Proceed to Checkout 버튼을 눌러주세요. 로그인이 되어 있는데, 로그인을 해달라는 요청이 나올 수 있습니다. 무시하고 파란색 버튼을 누르면 계속해서 진행됩니다.

3 Studio One 5 Prime 이미지를 클릭합니다.

4 아래의 Download Installer – Windows를 눌러서 PreSonus Studio One 5 Installer.exe를 내려받아주세요.

◆ Studio One 5 Prime 설치하기

5 내려받은 PreSonus Studio One 5 Installer.exe를 눌러서 실행합니다. 처음에 언어 선택 화면이 나오는데, English를 선택하고 [OK]를 누릅니다.

6 인스톨러가 실행되면 [Next], [I Agree], [Install], [Finish] 버튼 등을 차례로 눌러 설치합니다. 별도의 옵션이 없으므로 쉽게 설치할 수 있습니다.

◆ Studio One 5 Prime 인증하기

7 처음 Studio One 5 Prime을 실행하면 라이선스 동의 화면이 나옵니다. [I Accept]를 한 번 누르면 이후에는 이러한 대화 상자가 다시 나타나지 않습니다.

8 이어서 로그인 화면이 뜹니다. 이전에 가입했던 이메일과 비밀번호를 입력하면 자동으로 소프트웨어 인증이 이루어집니다.

9 인증이 성공하면 다음과 같은 메시지가 나옵니다.

◆ 기본 음원 설치하기

10 처음 실행하므로 해야 하는 것이 좀 많습니다. 인증이 성공하고 Studio One 5 Prime이 본격적으로 실행되면 다음과 같이 추가 패키지 설치 대

화 상자가 나옵니다. 이를 설치해야 기본 음원(여러 악기 소리)을 사용할 수 있습니다. 기본 설정으로 진행도 무방합니다. 필요하다면 적당한 경로를 선택하고, 초록색 [Install] 버튼을 눌러주세요.

설치에는 시간이 꽤 걸립니다. 인터넷 상황에 따라서는 6시간 이상 걸릴 수도 있습니다. 앉아서 계속 바라보기 보다는 다른 것을 하며 쉬기 바랍니다.

카페 같은 곳에서 내용을 진행하다가, "6시간이나 기다리라고?!"하고 놀란 독자도 있을 것이라 생각하는데요. 중간에 끊기면 이후에 실행했을 때 해당 파일부터 다시 시작됩니다. 노트북을 끄고 이동해도 큰 문제 없습니다.

기본 조작

지금까지 굉장히 귀찮은 일을 끝냈습니다. 회원가입부터 설치까지의 내용은 한 번만 하면 컴퓨터를 바꾸지 않는 한 다시 할 필요 없는 조작입니다. 따라서 기억하지 않아도 됩니다. 지금부터 살펴보는 내용이 중요합니다.

Studio One 5 Prime의 기본적인 조작 방법을 살펴보도록 합시다(정말 기본적인 조작 방법만 살펴봅니다).

처음 DAW를 사용해본다면 글만으로는 조작이 대체 무엇을 의미하는지 힘들 수 있습니다. 역자의 유튜브 채널(https://www.youtube.com/c/윤인성)에서 간단하게 조작하는 방법을 설명하니, 잘 모르겠다면 이를 참고해주세요.

◆ 프로젝트 만들기

1 실행 화면에서 [Create New Song]을 선택합니다.

2 New Song 화면이 나오면 [Empty Song]을 선택하고, Song Title을 적당
하게 지정한 뒤 [OK] 버튼을 눌러주세요.

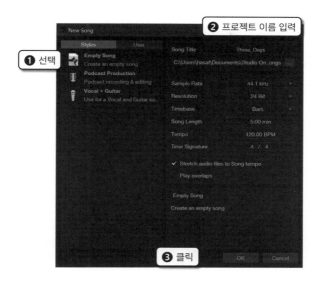

3 메인 화면이 나옵니다.

◆ 가상 악기 트랙 생성하기

MIDI를 입력하면 소프트웨어에서 악기를 연주해줍니다. 이때 소프트웨어로 만들어진 악기를 가상 악기(Virtual Instruments)라고 부릅니다. 이 책의 기본편에서는 **드럼, 베이스, 피아노, 멜로디 전용 신디사이저**를 사용합니다. 이러한 4개의 가상 악기를 프로젝트에 배치해봅시다.

1 화면 오른쪽에 있는 [Instruments] > [PreSonus] > [Presence] > [Artist Instruments] > [Drum Kits] > [Basic Kit]을 누르고 화면 왼쪽 패널에 내려 놓습니다. 만약 오른쪽의 패널이 나오지 않는다면 오른쪽 아래에 있는 Browse 버튼을 눌러서 보이게 만들 수 있습니다.

2 가상 악기가 배치되면 트랙이라는 것이 만들어집니다. 트랙은 "악기를 담은 상자"라고 생각해주세요. 가상 악기가 배치되면 다음과 같은 Instruments 탭이 뜹니다. 일단 현재 단계에서는 무시해도 상관 없습니다.

3 마찬가지의 방법으로 다음 악기 4개를 배치합니다.

- Instruments > PreSonus > Presence > Artist Instruments > Drum Kits > Basic Kit
- Instruments > PreSonus > Presence > Artist Instruments > Bass > Fingered Bass
- Instruments > PreSonus > Presence > Artist Instruments > Keyboards > Grand Piano
- Instruments > PreSonus > Presence > Artist Instruments > Synths > Saw Synth

참고로 이 가상 악기들은 PreSonus가 무료로 제공해주는 것들입니다. 인터넷을 찾아보면 무료 또는 유료로 제공되는 수 많은 가상 악기를 볼 수 있습니다. 어떤 가상 악기들이 있는지 인터넷을 찾아보면 그것도 좋은 공부가 될 것입니다.

◆ 가상악기 변경하기

가상 악기를 잘못 드래그 했거나, 다른 악기로도 소리를 내보고 싶을 때가 있을 수 있습니다. 책에서는 Basic Kit, Fingered Bass, Grand Piano, Saw Synth

라는 악기를 사용할 것인데요. 이후에 곡을 만들며, 마음에 드는 소리가 있다면 해당 소리로 진행해도 괜찮습니다.

1 그럼 가상 악기를 변경하는 방법에 대해서 알아보겠습니다. 가상 악기를 변경하고 싶은 트랙의 오른쪽에 피아노 건반 모양의 아이콘을 눌러주세요.

2 아이콘을 누르면 Instruments 화면이 나옵니다. 참고로 현재 앞의 그림에서는 4번째에 있는 Saw Synth의 아이콘을 눌렀습니다. 아이콘 왼쪽아래를 보면 Presence 4라는 글자가 나오는데요. 이는 Instruments 화면의 탭과 대응됩니다. 이 화면에서 화면 상단에 있는 악기 이름을 클릭하면 악기를 변경할 수 있습니다.

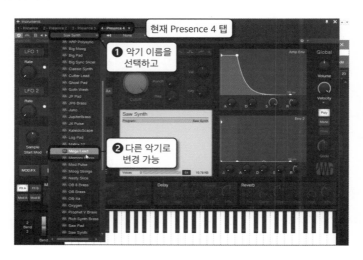

◈ 리전 생성하기

그럼 차근차근 음표를 입력해봅시다. 'Studio One 5 Prime'에서는 음표를 입력하기 전에 리전이라는 것을 만들어야 합니다. 리전은 **음표를 넣기 위한 상자**라 생각하면 됩니다.

1 화면 위에 있는 연필 모양의 아이콘(Paint Tool)을 누릅니다.

2 이어서 사용하고 싶은 악기 오른쪽의 눈금에 마우스를 드래그합니다. 드래그를 하면 다음과 같이 리전이 생성됩니다.

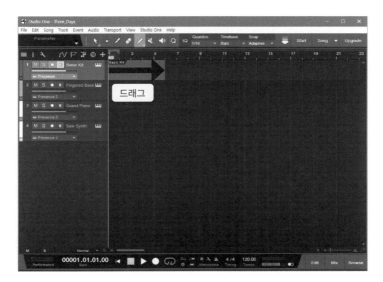

3 리전 내부에 들어갑시다. 화면 위에 있는 마우스 커서 모양 아이콘을 누르고, 리전을 더블 클릭하면 피아노 건반이 세로로 왼쪽 아래에 출력되는 화면이 나옵니다(다음으로 이어지는 "음표 입력하기"의 1번 그림을 참고해주세요). 이 건반에 대응되는 칸에 음표를 하나하나 배치하면서 음악을 만들어 나가는 것입니다.

참고로 이 건반 화면은 화면 오른쪽 아래에 Edit 아이콘을 눌러서 보이게 만들거나, 보이지 않게 만들 수 있습니다. 리전을 잘못 생성했을 경우, 리전의 위치와 길이를 수정해야 합니다. 이와 관련된 내용은 음표 입력 방법을 설명한 뒤에 설명하도록 하겠습니다.

◆ 음표 입력하기

1 그럼 음표를 입력해봅시다. 'Studio One 5 Prime'에서는 음표를 '**노트**'(Note = 영어로 '음표'라는 의미입니다)라고 부릅니다. 하지만 이 책에서는 그냥 간단하게 '**음표**'라고 부르도록 하겠습니다. 이번에는 건반이 세로로 왼쪽에 출력되는 화면 위에 있는 연필 모양의 아이콘을 누릅니다.

2 무언가를 추가할 때는 연필 모양의 아이콘을 누르고 사용한다고 생각하면 좋습니다. 피아노 건반 오른쪽의 적당한 위치를 클릭하면 음표가 배치됩니다. 클릭한 뒤 드래그 하면 긴 음표를 배치할 수도 있습니다.

3 키보드의 [Space] 키를 누르면 입력한 음표가 재생되므로 들어봅시다. 한 번 더 [Space] 키를 누르면 연주가 중지됩니다. 재생 시작 위치는 [,] 키 또는 키패드의 [.]을 눌러 가장 앞으로 돌아가게 할 수 있습니다.

화면 확대와 축소

음표를 입력하는 화면이 너무 작으면 이후에 음표 입력이 어려울 수 있습니다. 간단하게 화면을 확대 축소하는 방법에 대해서 살펴봅시다. 눈금이 들어있는 화면 오른쪽 아래를 보면 삼각형 모양의 아이콘이 있습니다.

여기에 있는 슬라이더를 조정하면 가로 축 방향으로 확대 비율을 조정할 수 있습니다. 또한 그 오른쪽에 있는 사각형 4개가 겹쳐진 아이콘을 누르고 마우스를 위 아래로 드래그 하면 세로 축 방향으로 확대 비율을 조정할 수 있습니다.

◆ 음표 제거하기

입력한 음표를 들어보았나요? 소리가 나는 것이 신기하기는 해도, 음악이라고 부르기에는 이상한 소리가 날 것입니다. 음표를 적당히 늘어 놓는 것으로는 음악이 만들어지지 않습니다. 이 음표는 지우도록 합시다.

건반이 있는 화면 위에 마우스 모양의 커서 아이콘을 누르고, 리전 박스에서 드래그해서 음표들을 선택합니다. 이 상태에서 키보드의 [delete] 키를 누르면 음표가 제거됩니다.

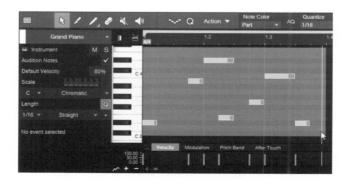

◈ 음표의 길이 변경하기

음표의 길이를 변경해야 하는 상황도 많으므로, 음표의 길이를 변경하는 방법을 살펴보도록 합시다. 음표의 오른쪽 끝에 마우스 커서를 놓으면 커서가 화살표 모양으로 변합니다. 이 상태에서 마우스를 누르며 드래그하면 음표의 길이가 변경됩니다. 왼쪽으로 드래그 하면 짧아지고, 오른쪽으로 드래그 하면 길어집니다.

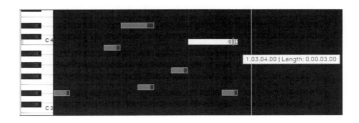

◈ 음표 이동하기

음표에 커서를 놓고 드래그 앤 드롭하면 원하는 위치로 이동할 수 있습니다. 추가적으로 여러 개의 음표를 선택한 상태에서 한 음표를 드래그 앤 드롭하면 여러 개의 음표를 한꺼번에 이동할 수도 있습니다.

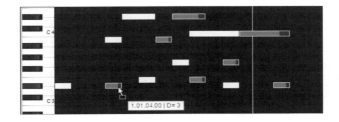

◆ 음표 복사하기

일단 키보드의 [alt] 키를 누릅니다. 누른 상태에서 커서를 드래그해서 음표를 이동시키면 음표가 복사됩니다.

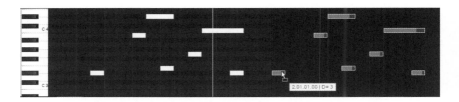

지금까지의 내용은 곡을 만들 때 굉장히 자주 사용하는 조작이었습니다. 이어지는 내용은 책을 진행할 때는 크게 필요 없지만, 알아 두면 좋은 기능입니다.

◆ 리전 조작

리전 내부에 음표를 넣습니다. 이 리전이라는 상자도 이동하고 복사할 수 있습니다. 또한 음표를 더 넣고 싶은데 리전이 작아서 음표를 못 넣는 경우가 있을 수도 있습니다. 이러한 때는 리전의 길이를 늘려야 합니다.

리전 오른쪽 아래에 커서를 가져가면 커서의 모양이 변합니다. 이 상태에서 마우스를 누르고 좌우로 드래그 하면 리전의 크기가 변합니다.

● 리전 확장

◈ 메트로놈 켜고 끄기

곡을 재생했을 때 메트로놈 소리가 나는 경우가 있습니다. 메트로놈은 필요에 따라서 사용하면 됩니다. 화면 아래에 있는 메트로놈 모양의 버튼을 클릭해서, 메트로놈을 켜고 끌 수 있습니다.

지금까지 수고하셨습니다. 소리를 내는 조작을 할 수 있다면 본격적으로 음악을 만들어 볼 수 있습니다.

지금부터 필요한 것은 작곡 지식입니다. 소프트웨어에서 나오는 소리가 어떻게 하나의 곡이 되는지 차근차근 살펴보도록 합시다. 입문편의 1일째(34페이지)부터 차근차근 작곡을 시작해봅시다.

> **오늘의 정리**
> · 기본적으로는 커서 모양의 아이콘, 무언가를 추가할 때는 연필 모양의 아이콘을 클릭해서 사용합니다.
> · 리전이라는 상자 안에 음표를 넣는 형태로 사용합니다.
> · 음표 입력, 이동, 복사 등의 간단한 조작은 꼭 기억합니다.

페이스북과 트위터를 할 수 있다면 작곡도 할 수 있다?

작곡 기본서라고 해도 음악 지식이 없으면 이해를 할 수 없는 경우가 굉장히 많습니다. 완전 처음부터 작곡을 공부하고 싶은 사람들의 입장에서 읽을 수 있는 작곡 책이 있으면 좋겠다고 항상 생각했는데요. 저의 그런 오랜 생각이 현실화 된 것이 바로 이 책입니다. 이 책을 선택해주셔서 감사합니다.

지금까지 "준비편"을 잘 끝냈나요? 컴퓨터를 사용해서 내용을 진행하므로, 무사히 준비를 마쳤다면 좋겠습니다.

컴퓨터 조작도 아무 것도 모르는 사람이라면 굉장히 어렵게 느낍니다. 하지만 마우스를 움직이고, 글자를 입력하고, 페이스북과 트위터를 하고, 인터넷 쇼핑을 할 수 있다면 이미 컴퓨터를 잘 다룰 수 있다는 의미일 것입니다.

작곡도 컴퓨터를 조작할 수 있는 기술이 있다면 누구나 할 수 있습니다. 이 책을 읽으면서 음표를 입력해보고, 소리를 들어보며 납득해보며, 작곡과 가까워져 봅시다. 그럼 아무 것도 없는 상태에서부터 차근차근 곡을 만들어가며, 어떤 식으로 작곡이 이루어지는지 다음 장부터 살펴보도록 합시다!

입문편
일단 한 곡
만들어보기

본격적으로 3일 동안의 작곡 합숙이 시작되었습니다. 아직 작곡 경험이 없는 사람이라면 이 3일 동안이 앞으로의 인생을 크게 바꾸게 될지도 모르겠습니다. 필자는 작곡을 처음 경험한 뒤, 힘들게 들어간 IT 회사를 1년 만에 그만두고, 음악 생활을 시작하게 되었습니다.

저의 이야기는 필요가 없으니 이정도로 마치고, 곧바로 작곡을 시작해봅시다. 헛된 페이지가 단 하나도 없으므로, 건너뛰지 말고 차근차근 읽어주세요!

1 드럼 파트 만들기
~ 음악의 토대는 리듬에 있다! ~

나도 드럼을 잘 칠 수 있을까?

이번 절의 제목을 보고 "갑자기 드럼을 만든다고?!"라고 생각할지도 모르겠습니다. 그렇습니다. 드럼부터 만들어볼 것입니다. "지금까지 살면서 한 번도 드럼을 쳐본 적이 없는데요?"라며 걱정하고 있지 않나요? 괜찮습니다. 드럼과 한번도 인연이 없었던 사람일수록 이번 절의 내용에서 새로운 경험을 접하는 감동을 느낄 수 있을 것입니다.

일단 드럼이라고 하면 **리듬**입니다. 리듬 없이는 음악을 이야기할 수 없습니다. 작곡을 할 때도 드럼부터 시작하는 것을 추천합니다.

우리 귀에 익숙한 음악은 대부분 **4박자 리듬**으로 만들어져 있습니다. 일단 연습으로 소리를 내어 "딴 딴 딴 딴"이라고 말해봅시다. 4개의 "딴" 중에서 첫 번째 딴은 크게 소리 내어보세요. 이를 몇 번 반복해봅시다. 그리고 소리에 맞추어 손뼉도 쳐봅시다. 쉽게 할 수 있을 것입니다.

Audio 01

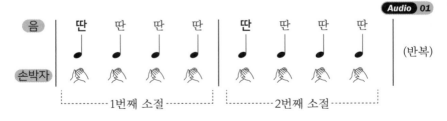

첫 번째 딴을 크게 소리 내기 때문에, 4개씩 한 묶음이라는 것을 어느 정도 느낄 수 있을 것입니다. 이때 4개씩 한 묶음을 1번째 소절, 2번째 소절…… 이라고 부릅니다.

이러한 "딴" 하나 만큼(1-박)의 길이를 **4분 음표** (♩)라고 부릅니다. 4분 음표는 한 마디 내부에 4개 들어갈 수 있습니다.

그리고 4분 음표 길이를 둘로 분할하면 **8분 음표**(♪)가 됩니다. 8분 음표는 한 마디 내부에 8개 들어갈 수 있습니다.

그럼 이전과 마찬가지로 손박자로 리듬을 내보면서, 8분 음표를 소리로 내봅시다. 4분 음표가 "딴"이었다면 8분음표는 "따다"으로 소리내면 됩니다. 한 마디 동안 손을 4번 치면서, 소리를 "따다따다따다따다"라고 8번 내주세요.

할 수 있나요? 할 수 있다면 드럼은 이미 절반 이상 끝냈다고 할 수 있습니다.

베이스 드럼, 스네어, 하이햇 연주하기

그럼 실제로 드럼을 연주해봅시다. 지금부터 나오는 작곡 소프트웨어 화면 예는 'Studio One 5 Prime'입니다. 'GarageBand'에서는 화면이 약간 다를 수 있지만, 실제로 보면서 해보면 크게 무리 없이 따라할 수 있을 것입니다. 추가적으로 'GarageBand'와 딱 들어맞지 않는 부분은 일반적인 작곡 방법 설명이라 생각하며 읽기 바랍니다. 그럼 시작해봅시다.

1 준비편에서 만들었던 드럼 트랙을 선택하고, 오른쪽 눈금 부분에 리전을 만들어주세요.

2 일반적으로 드럼 가상 악기는 베이스 드럼과 스네어 드럼 등의 악기 음색이 피아노 건반 별로 할당되어 있습니다. 베이스 드럼은 [C1]입니다. Edit 패널(나오지 않는다면 오른쪽 아래의 Edit 버튼을 눌러주세요)에서 건반의 C1을 찾아서 눌러봅시다. 소리가 날 것입니다. 베이스 드럼은 킥(kick)이라고도 부르며, 이름 그대로 발 아래쪽에 있는 페달을 밟아 소리 내는 큰 북입니다. 이를 다음 그림과 같이 입력해주세요.

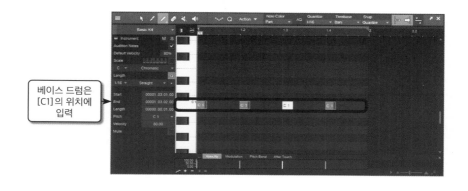

베이스 드럼은 [C1]의 위치에 입력

> 참고로 대부분의 드럼 가상 악기는 각 음표의 길이가 소리의 길이에 영향을 주지 않습니다. 길게 입력하나 짧게 입력하나 드럼은 음표가 시작되는 순간 소리가 한 번 나고 끝납니다. 따라서 길이는 크게 신경 쓰지 않아도 괜찮습니다.

3 재생 버튼을 누르거나, 스페이스 키를 눌러서 재생해봅시다. **Audio 03** 처럼 "둥 둥 둥 둥"하고 소리가 울릴 것입니다. 필자는 처음 드럼 소리를 입력해보았을 때 "우와 소리가 난다?!"만으로도 크게 감동했었답니다.

4 이어서 스네어 드럼(생략해서 스네어라고 표현하겠습니다)입니다. 스네어는 "탕"이라고 기분 좋게 울리는 북입니다. **스네어는 2번째 박과 4번째 박에 배치합니다.** 굉장히 기본 중의 기본인 형태이므로 그냥 기억해두도록 합니다. 사실 입력하다 보면 저절로 기억될 것입니다.

Audio 04

[C1]의 두 칸 위 ([D1])에 입력합니다.

● GarageBand의 경우도 같은 방법으로 같은 위치에 입력합니다.

소리를 들어보면 "쿵 탕 쿵 탕"하고 울릴 것입니다. 벌써부터 뭔가 멋진 느낌이 있습니다.

5 이어서 하이햇입니다. "츳츳츳츳……"하며 리듬을 나누는 심벌의 일종입니다. 심벌이 두 개 겹쳐져 있는 구조를 가지고 있으며, 두 심벌이 닫혀있는 상태를 클로즈드(closed), 열려있는 상태를 오픈(opened)이라고 부릅니다. 클로즈드는 "츳츳츳츳"하는 소리가 나고, 오픈은 "치잉치잉치잉치잉"하는 느낌입니다.

이번에는 클로즈드를 8분 음표로 8개 입력해봅시다. 락 음악 등에서 사용되는 굉장히 고전적인 형태의 '에잇 비트(eight beat)'입니다. '에잇 비트'는 8분 음표를 기본으로 하는 리듬이라는 의미입니다. Studio One 5 Prime 모두 기본적으로 16분 음표로 선이 출력되므로 약간 주의해서 입력해주세요.

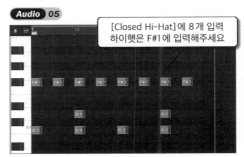

재생해보면 이제 꽤 드럼 연주를 하는 느낌이 납니다. 지금까지 1마디만 입력했으므로, 4마디까지 길이를 늘려줍시다. 이때 복제(Duplicate)기능을 사용하면 편리합니다. 다음 그림과 같이 리전에서 마우스 오른쪽 버튼을 누르고,

일반적으로 대부분의 드럼 가상 악기는 C1, D1, E1, F1, G1처럼 #이 붙지 않은 건반에서 북 소리를 내고 C#1, D#1, F#1, G#1, A#1처럼 #이 붙은 건반에서 북이 아닌 소리가 납니다. 처음 입력하다 보면 "이걸 다 외워야해?"하고 당황할 수 있는데요. 그냥 마우스로 건반 몇 번 눌러보고 확인한 뒤 입력하면 좋습니다. 가상 악기에 따라서 C1이 킥이 아닌 경우도 있으므로 확인한 뒤 입력하는 것이 좋습니다.

Duplicate(단축키 [D])를 눌러주세요.

리전이 바로 옆에 복제될 것입니다. 이를 3번 반복하면 4마디까지 리전이 복제됩니다.

GarageBand에서는 [Ctrl] + [C]와 [Ctrl] + [V]를 사용해서 복사&붙여넣기 하기 바랍니다.

필인 넣어보기

1 단조로운 느낌을 피할 수 있게, 1마디의 가장 앞에 있는 하이햇을 심벌로 변경해봅시다. 시작 부분을 "차아앙"하고 울리게 만들면 약간 임팩트가 생깁니다.

추가적으로 4마디의 마지막 부분의 스네어를 조금 변경해봅시다. 이와 같은 스네어 드럼 등의 연속을 **필인(fill-in)**이라고 부릅니다. 우리가 만들고 있는 음악에서는 굉장히 간단한 필인을 넣어보았지만, 이것만으로 뭔가 새로운 느낌이 납니다.

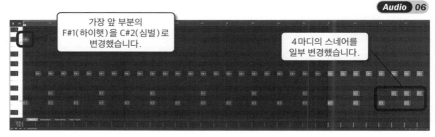

② 4마디의 드럼 패턴이 완성되었으므로, 이를 합쳐보겠습니다. 4개의 리전을 선택하고, 마우스 오른쪽 버튼을 누른 후 [Merge Events](단축키 [G])를 눌러주세요. 리전들이 합쳐질 것입니다.

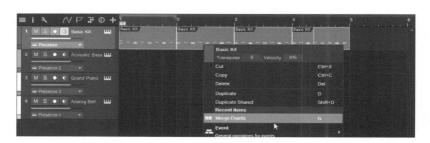

③ 이를 복제(Duplicate)해서, 8마디 위치까지 채워주세요.

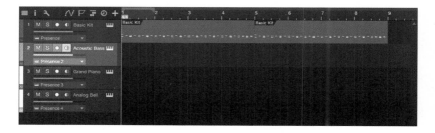

4 추가적으로 8마디 째에도 변화를 줄 수 있게, 마지막 부분의 필인을 변경해보았습니다. 음 하나를 제외했는데요. 이것만으로도 충분히 변화를 느낄 수 있을 것입니다.

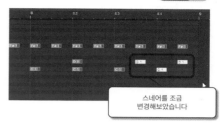

스네어를 조금 변경해보았습니다

5 지금까지 입력한 8마디를 복사해서, 16마디 위치까지 채워주세요. 드럼은 일단 여기까지 입력하겠습니다.

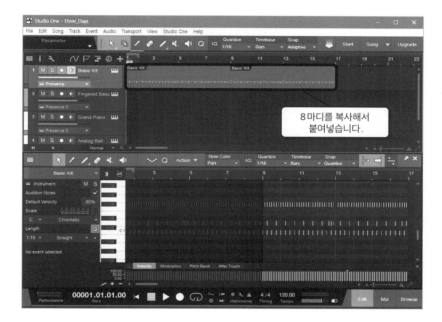

8마디를 복사해서 붙여넣습니다.

오늘의 **정리**

· 4박자 리듬의 경우, 스네어를 2번째와 4번째 박에 치는 것이 기본입니다.

· 1마디에 8번 소리가 나는 리듬을 '에잇 비트'라고 부릅니다.

· 복사해서 붙여넣기를 잘 활용해주세요!

1 일째

2 베이스 파트 만들기
~ 작곡을 본격적으로 시작해보기 ~

베이스를 제압하는 자가 곡을 제압한다

드럼 – "쿵! 짝! 쿵쿵! 짝!"

기타 – "지이잉 지이잉 지이잉 지이잉"

보컬 – "우오오오"

베이스 – "……"

텔레비전에서 밴드의 공연을 본 적이 있나요? "드럼과 기타는 대충 어떤 소리를 내는지 알 수 있어도, 베이스는 무슨 소리를 내는지 잘 모르겠다"라는 경우가 꽤 많습니다. 필자도 초등학교 때는 "이 사람은 뭔가 연주하고 있는 것 같은데 뭘 연주하고 있는걸까?"라는 생각을 자주 했었습니다. 사실 텔레비전 스피커는 대부분 저음을 잘 재현해주지 못합니다. 베이스는 소리가 낮다 보니 잘 들리지도 않고, 절제된 소리로 연주하다 보니 튀지도 않아 그렇게 느꼈던 것도 같습니다. 학생 밴드 때는 "내가 기타 할 거니까 너가 베이스 해!", "응(나도 기타 연주하고 싶은데)……."하기도 했습니다. 많은 학생 밴드들의 베이스가 이렇게 결정되는 경우를 많이 보았습니다.

하지만 사실 베이스는 **"베이스를 제압하는 자가 곡을 제압한다"**라고 말할 수 있을 정도로 중요한 존재였습니다. 농구에서 "리바운드를 제압하는 자가 게임을 제압한다"라는 말과 같습니다. 리바운드를 제대로 못하는 팀이 승리를 못

하는 것처럼, 베이스가 없는 노래는 노래로서 제 기능을 하기 힘듭니다.

참고로 기타와 베이스의 차이를 간단하게 말하면 기타는 여러 개의 줄을 동시에 치고(=화음을 연주), 베이스는 반드시 하나의 음, **단음**만 연주합니다. 저음역의 소리를 동시에 연주하면 소리가 굉장히 더러워져, 곡 전체가 무너지는 느낌이 듭니다. 따라서 베이스는 "둥둥둥둥…"하고 단음만 연주합니다.

단음이기 때문에 연주도 굉장히 간단합니다. 그럼 베이스 트랙으로 베이스 소리를 내봅시다. 준비편에서 만들어 두었던 트랙을 사용해주세요.

마법의 코드 진행 "F→G→Em→Am" 찍기

"어디에 무엇을 찍으면 되는지 빨리 알려줘요!"하는 소리가 들리네요. 이번 절에서는 굉장히 중요한 작곡 규칙에 대해서 알아보겠습니다. 바로 **코드 진행**이라고 부르는 것입니다. 코드란 '도·미·솔'처럼 화음을 울렸을 때의 소리를 나타냅니다. 코드는 단순하게 울리는 것만으로는 곡 내부에서 따로 기능을 하지 않지만, 코드에서 다른 코드로 이동(진행)할 때 흐름을 만들 때, 곡을 전개하는 기능을 갖게 됩니다.

우리는 히트 곡의 코러스에서 굉장히 많이 사용되는 마법의 코드 진행인 'F→G→Em→Am'를 사용해봅시다. 그런데 F, G, Em, Am의 알파벳은 무엇을 의미하는 것일까요? 뒤에 붙어 있는 m이라는 소문자는 이후에 살펴보므로, 일단 대문자가 무엇을 의미하는지부터 알아봅시다. 다음 그림을 살펴봅시다.

● 도레미파솔라시도의 영어 표기

| 도
C | 레
D | 미
E | 파
F | 솔
G | 라
A | 시
B | 도
C |

이처럼 **'C D E F G A B'**는 '도 레 미 파 솔 라 시 도'의 영어 표기입니다. 그리고 코드 이름에도 이 표기를 사용합니다. '도'라고 부르는 것보다는 'C'라고 부르는 것이 조금 더 뮤지션 같은 느낌이 있습니다. A로 시작하지 않고, C로 시작한다는 것에 주의해주세요. 또한 피아노 건반에서 도의 위치는 검은 건반 두 개가 놓여있는 곳 왼쪽 아래에 있다는 것도 꼭 기억해주세요.

그럼 'F→G→Em→Am'를 '도레미'로 읽어봅시다. 참고로 'Em'는 '이 마이너 (E minor)'라고 읽고, Am는 '에이 마이너(A Minor)'라고 읽지만, 일단 지금은 간단하게 'Em = 미', 'Am = 라'라고 생각해도 상관 없습니다. 베이스는 한 번에 한 음만 울려도 괜찮으므로, 화음을 따로 생각하지 않아도 괜찮기 때문입니다. 따라서 'F→G→Em→Am'는 '파→솔→미→라'입니다. 간단하죠?

그럼 곧바로 컴퓨터로 이를 연주해봅시다.

건반을 보면 도 위치에 'C'라고 쓰여 있는 것을 볼 수 있습니다. 또한 C1, C2, C3……로 점점 소리가 높아집니다. 이번에는 C1~C2 사이에 베이스를 입력하겠습니다. 베이스 트랙에 리전을 생성하고, 다음과 같이 1마디에 음표를 8개씩 입력합니다.

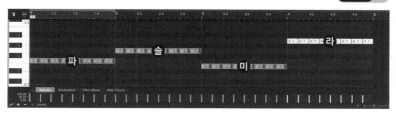

입력할 때도 복제(Duplicate) 기능을 사용하면 편리합니다. F1에 8분 음표 하나 찍고, [D] 키를 7번 누르면 음표 8개를 금방 만들 수 있습니다. 모두 입력했다면 재생해서 들어봅시다.

어떤가요? 음이 많지는 않지만, 그래도 곡 같은 느낌이 조금 들지 않나요? 베이스에 의해서 "곡이 진행하는 느낌"이 생깁니다. 바로 코드 진행의 힘이라 할 수 있습니다. 이를 반복하면 영원히 반복하는 긴 곡을 만들 수도 있습니다. 어떤 곡이라도 코드 진행에 의해 곡이 이끌어지게 됩니다. 하나의 코드 진행만으로도 곡 하나를 만들 수 있습니다. 여러 코드 진행을 알아 두면 더 다양한 곡을 만들 수 있을 것입니다.

간단한 편곡 - 옥타브 연주

같은 음을 "둥둥둥둥둥둥둥둥……"하고 연주하는 베이스는 저음역을 지탱하는 베이스다운 느낌을 줍니다. 하지만 이번에는 조금 더 재미있게 옥타브 주법으로 움직이는 프레이즈를 한 번 만들어봅시다.

> 저음 파와 고음 파처럼 같은 파라도 음의 높이에 차이가 있습니다. 이를 옥타브 하나 차이가 난다고 표현합니다. "둥둥둥둥둥둥둥둥"에서 밑줄친 부분의 음표를 다음 그림과 같이 한 옥타브만큼 올려봅시다. 간단하지만 굉장히 재미있는 소리가 납니다.

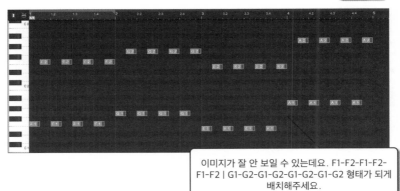

이미지가 잘 안 보일 수 있는데요. F1-F2-F1-F2-F1-F2 | G1-G2-G1-G2-G1-G2-G1-G2 형태가 되게 배치해주세요.

여담이지만, 필자는 작곡을 시작했을 때 이 소리가 너무 좋아서 1년 동안 모든 베이스를 옥타브 주법으로 찍었습니다. 쉬우면서도 멋진 소리가 나니까요.

그럼 지금까지의 4마디를 복사해서, 16마디로 늘려주세요.

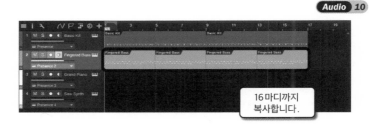

16마디까지 복사합니다.

지금까지 1일째에서 곡의 토대가 되는 드럼과 베이스의 입력을 완료했습니다. 수고하셨습니다.

작업 내용이 없어지지 않게, 현재 시점에서의 데이터를 저장하도록 합시다. 화면 위에 있는 메뉴바에서 [File]→[Save]를 선택하면 프로젝트를 저장할 수 있습니다. 추가적으로 [Ctrl] + [S]키(맥에서는 [Command] + [S])를 눌러서도 저장할 수 있습니다. 자주 저장하는 습관을 기르면 좋습니다.

이후에 다시 작업할 때는 [파일(File)]→[열기(Open)]로 저장한 데이터를 열어주거나, 시작 화면의 Recent Files에서 프로젝트를 선택해서 열어주세요. 여유가 있는 분이라면 그대로 2일째로 진행해도 좋습니다.

오늘의 정리

· 베이스는 음악의 진행을 지탱하는 중요한 악기입니다.

· 파→솔→미→라만으로 곡의 토대가 만들어집니다.

· [Ctrl] + [S]로 저장하는 것은 21세기를 살아가는 사람들의 기본 지식이라
  할 수 있습니다.

연습문제 ① 음 이름과 리듬 익히기

1. F는 도레미파솔라시로 표현하면 어떤 음인가요?

2. D는 도레미파솔라시로 표현하면 어떤 음인가요?

3. 시 음은 알파벳으로 표현하면 무엇인가요?

4. 다음 음은 알파벳으로 표현하면 무엇인가요?

5. ♩ 의 이름은?

6. ♪ 의 이름은?

7. 다음 리듬을 소리로 내보면 어떠 음인가요?

   A. 딴 딴 딴 딴 딴   B. 딴 딴 따다 딴   C. 딴 따다 딴 딴

8. 다음 리듬을 7처럼 소리 내보세요.

입문편

일단 한 곡
만들어보기

2
일째

어제는 베이스로 코드 진행을 입력하는 부분까지
해보았습니다. 오늘은 베이스와 함께 곡의 진행을 결정하는
코드를 넣어봅시다. 이것만 넣어보면 곡의
토대는 완성됩니다.

3 피아노 파트 만들기
~코드로 음에 두께 추가하기~

하나의 코드는 3개 이상의 음으로 만들어집니다.

이제 합숙 2일째가 되었습니다. 어제 만들었던 베이스에서 조금 더 나아가 코드를 이야기 해봅시다. '코드'라는 이름만 들어도 많은 초보 작곡가들이 도망치는 경우가 많습니다. 어렵지 않고 재미있는 내용이니 차근차근 살펴봅시다.

어제는 "C 코드를 도, F 코드를 파, G 코드를 솔" 형태로 굉장히 간단하게 하나의 음으로 표현해보았습니다. 하지만 원래 코드는 하나의 음만으로 만들어지는 것이 아닙니다. 베이스는 하나의 음만 울리는 것이 일반적이므로, 화음을 따로 생각하지 않아도 되지만, 코드란 '도미솔'처럼 화음을 내는 것이라고, 이전에 설명했습니다.

화음이란 **여러 개의 음이 함께 울려서 만드는 음**을 의미합니다. 곡에 풍부한 울림을 주려면 '여러 개의 음'을 만드는 것이 포인트입니다. 기본적으로 **하나의 코드는 3개 이상의 음**으로 만들어집니다. 세상에 있는 대부분의 대중 음악은 코드를 기반으로 만들어져 있습니다. 다음 그림을 살펴봅시다.

● [C 코드]

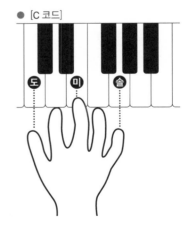

이처럼 피아노 건반에서 '도미솔'을 엄지 손가락, 중간 손가락, 새끼 손가락으로 "짠"

하고 한 번에 울리면 기본적인 C 코드가 만들어진 것입니다. 1일째에서 입력한 베이스 음은 이러한 3개의 음 중에서 가장 중요한, 코드의 토대가 되는 음이었던 것입니다. 이러한 음을 **루트(root)**라고 부릅니다.

C에서 Am까지 6개의 코드로 곡 만들어보기

그럼 C 이외의 코드도 살펴보도록 합시다. C 코드를 칠 때 만들었던 **손 모양을 유지한 상태로 오른쪽으로 한 칸씩 이동해서 연주**하면 다른 코드도 연주할 수 있습니다. 집에 건반이 있다면 직접 연주해보세요. "이렇게 간단할수가?"라며 놀랄 것입니다.

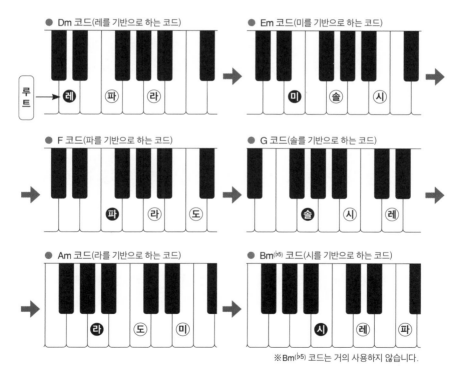

● Dm 코드(레를 기반으로 하는 코드)

루트 → 레 파 라

● Em 코드(미를 기반으로 하는 코드)

미 솔 시

● F 코드(파를 기반으로 하는 코드)

파 라 도

● G 코드(솔를 기반으로 하는 코드)

솔 시 레

● Am 코드(라를 기반으로 하는 코드)

라 도 미

● Bm(♭5) 코드(시를 기반으로 하는 코드)

시 레 파

※Bm(♭5) 코드는 거의 사용하지 않습니다.

각각의 코드가 어떤 소리를 내는지 샘플 음원으로 들어봅시다.

● 코드의 이름과 구성음

코드 이름	구성음		
C	도	미	솔
Dm	레	파	라
Em	미	솔	시
F	파	라	도
G	솔	시	레
Am	라	도	미
(Bm(♭5))	(시)	(레)	(파)

↑루트 소리

Bm(♭5)(=시레파)는 조금 특수한 코드입니다. "B 마이너 플랫 파이브"라고 읽지만, 기억하지 않아도 괜찮습니다. 사용하는 상황이 많지 않고, 처음 공부하기에는 굉장히 어려울 수 있는 코드라서 이 책에서는 사용하지 않습니다. 사실 Bm(♭5) 이외의 코드 6개만 조합해도 무한한 곡을 만들 수 있고, 그렇게 수많은 유명한 곡들이 만들어져 있습니다. 따라서 이러한 **코드의 조합을 기억해두는 것이 작곡의 지름길**이라고 할 수 있습니다.

모두 이미 '도레미파솔라시 = CDEFGAB'를 기억하고 있으므로, 'C, Dm, Em, F, G, Am'라는 코드 이름을 보고 어떤 음이 루트인지 쉽게 알 수 있을 것입니다. 그렇다면 'm'이라고 붙어있는 문자는 무엇을 나타낼까요? 이는 "마이너"라고 부르는 것입니다. D, E, A는 m(마이너)가 붙어 있습니다.

"왜 마이너가 붙어 있는 것일까?"하고 궁금증을 가진 사람이라면 눈썰미가 좋은 사람입니다. 이와 관련된 자세한 내용은 '레벨업 편'(93페이지)에서 설명하므로, 일단 **마이너 코드는 슬픈 소리를 내는 코드**라고만 기억해주세요.

추가로 마이너 코드가 있다는 것은, 반대로 **메이저 코드**도 있다는 것입니다. C 코드는 정확하게 부르면 'C 메이저 코드'입니다. C 메이저 코드를 간단하게 "C 코드"라고 부르는 것 뿐입니다. 메이저는 즐겁고 밝은 소리를 낸다고 기억하면 쉬울 것입니다.

F-G-Em-Am 코드 진행 입력하기

이전에 만들었던 파일을 열고, 계속해서 작업을 진행해봅시다. F-G-Em-Am 코드 진행에 대해서는 이전에 베이스를 입력하며 살펴보았습니다. 따라서 이제 피아노를 사용해서 코드를 입력해봅시다. 베이스라는 뼈 위에 코드라는 살을 붙이는 느낌이라고 생각해주세요.

1 이전에 만들었던 피아노 트랙에 리전을 만들어주세요.

2 C3~C4에 다음 화면과 같이 음을 입력합니다. 한 소절마다 음표(코드)를 입력합니다. 조금이라도 다른 높이의 음을 입력하면 울림이 완전히 달라지므로 주의해주세요.

Audio 12

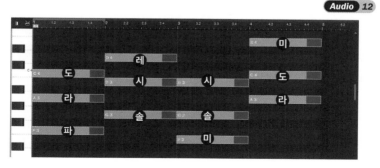

입력을 완료했다면 재생해서 소리를 들어봅니다. 조금 더 곡과 같은 느낌이
나게 되었습니다!

3 이번 내용이 굉장히 중요한데요. 예를 들어 G 코드는 '솔·시·레'로 구성
됩니다. 이때 **'음표의 순서가 바뀌어도 코드는 변하지 않는다'**라는 규칙이
있습니다. 따라서 '시·레·솔'과 '레·솔·시'도 모두 G 코드라고 할 수 있습니다.

음의 순서를 변경하면 분위기도 조금 바뀝니다. 일반적으로 코드에서 가장
위에 놓은 음이 귀에 많이 남습니다. 직접 변경해보면서 어떤 차이가 발생하는
지 확인해봅시다. 참고로 음의 배치를 변경하는 것은 코드에서 코드로 이동할
때 이동을 더욱 더 부드럽게 만들기 위한 목적도 있습니다.

Audio 13

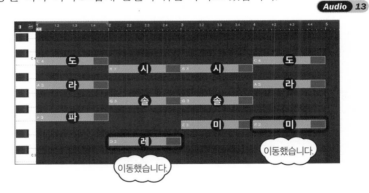

4 현재 입력만으로도 좋은 소리 나지만, 조금 단조롭다는 느낌이 듭니다.
리듬을 조금 변경해서, 곡의 분위기도 함께 변경해봅시다. 이런 느낌은
어떤가요? 코드 입력을 1소절(4박자) 전체를 채우게 구성하지 말고 1박자 반, 1
박자 반, 1박자로 입력해봅시다.

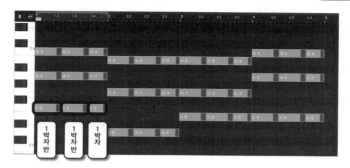

5 이를 16마디까지 복사해주세요. 지금까지의 과정만으로도 꽤 곡 같은 느낌이 나게 되었습니다.

코드와 관련되어서 할 이야기가 굉장히 많습니다. 하지만 일단 곡 하나를 완성하는 흐름에 집중하도록 하겠습니다.

예를 들어 축구를 할 때를 생각해봅시다. 처음 축구를 배울 때는 세부적인 규칙과 기초적인 드리블 연습을 왜 해야 하는지 필요성을 잘 느끼지 못할 때가 많습니다. 하지만 실제로 시합을 해보고 나면 이런 것들의 필요성을 확실하게 인지할 수 있습니다.

따라서 우리도 시합하는 느낌으로 일단 곡을 하나 만드는 것에 집중해봅시다. 한 번 만들고 나면 코드를 왜 공부해야 하는지 더 쉽게 느낄 수 있을 것입니다.

오늘의 정리

· 코드는 '도·미·솔 = C 코드'처럼 3개 이상의 음을 함께 내는 것입니다.

· 코드는 음표의 배치가 달라져도 변하지 않습니다.

· 일단 만들어 보는 것이 가장 좋은 연습입니다.

4

2 일째

쉽게 따라 할 수 있는 멜로디 만드는 방법

~ 작곡을 본격적으로 시작해보기 ~

음악 센스가 없어도 멜로디를 만들 수 있어요

지금까지 드럼, 베이스, 피아노 코드를 만들어보았습니다. 그럼 이쯤에서 음악의 3대 요소를 짚고 넘어가겠습니다. 음악의 3대 요소는 '**리듬**', '**화음**', '**멜로디**'입니다. 지금까지 만들었던 드럼이 리듬이고, 베이스와 코드가 화음이라고 할 수 있습니다. 따라서 이제 남은 것은 멜로디입니다. 멜로디를 만드는 것도 꽝장히 깊은 세계입니다.

멜로디라는 것은 100명의 사람이 만들면 100가지가 나올 수 있는 것입니다. 어떤 사람의 곡을 어떤 사람의 곡처럼 들리게 만드는 것이 바로 멜로디입니다. 그래서 그만큼 어려운 부분이기도 합니다. "자유로운 발상으로", "콧노래를 흥얼거리며", "좋아하는 것을 만들면 된다"라고 해도 사실 이 자체가 꽝장히 힘든 경우가 많습니다. 따라서 음악적 센스가 있는 사람도 없는 사람도, 관계없이 만들 수 있는 방법을 살펴보겠습니다.

1 준비편에서 만들었던 멜로디 전용 트랙(Saw Synth) 옆에 리전을 생성해주세요.

2 C4~C5 사이에 솔 음을 배치합니다. 다음 화면과 같이 단순하게 '솔-솔-솔 솔-솔-솔 …'이라고 배치해주세요. 일단 이렇게 4 소절만으로도 충분합니다.

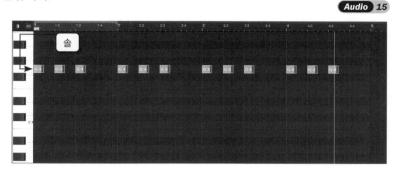

"이렇게 단순한건 멜로디가 아냐!"라고 생각할 수 있는데요. 실제로 들어보면 괜찮다는 느낌이 들 것입니다. 물론 뭔가 괜찮은 것 같기도 하고, 뭔가 안 괜찮은 것 같기도 한 느낌입니다. 멜로디가 굉장히 일정한데도 의외로 지루하지 않은 이유는, 멜로디가 같아도 코드가 바뀌고 있기 때문입니다.

작은 패턴을 반복하면서도 지루하지 않게 변화 주기

곡의 인트로 등에서 짧은 프레이즈가 반복되며, '곡의 얼굴'처럼 사용되는 경우가 있습니다. 이와 같은 짧은 프레이즈를 **리프**라고 부르는데요. 중요한 것은 작은 패턴을 반복하면서도, 어떤 변화를 주는 것입니다. 그럼 어떻게 해야 '솔-솔-솔'이라는 소리를 지루하지 않게 할 수 있을까요? 어느 정도까지 반복했을 때 듣는 사람이 질리지 않을까요? 듣는 사람의 생각을 상상해봅시다.

● 들을 때의 심경 변화

1	2	3	4	
솔 솔 솔 ○	솔 솔 솔 ○	솔 솔 솔 ○	솔 솔 솔 ○	
(오)	(괜찮네)	(어……)	(지루해)	

1과 2까지는 괜찮습니다. 하지만 3에서 조금씩 지루해지게 됩니다. 그럼 조금 높은 음을 사용해서 '도 시 솔'로 변경해봅시다.

1 다음과 같이 4번째 부분만 '도(C5)-시(B4)-솔(G4)'로 변경해서 재생해 봅시다.

Audio 16

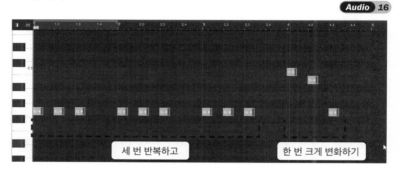

세 번 반복하고   한 번 크게 변화하기

꽤 괜찮은 느낌으로 바뀌었습니다. 갈비탕, 갈비탕, 갈비탕처럼 같은 말을 계속 반복하다가, "물냉면?!"이라고 외치는 느낌입니다. **'세 번 반복하고 한 번 변화를 준다'**가 포인트입니다.

2 앞의 3마디도 똑같이 반복할 필요 없습니다. 조금 변경해보겠습니다. "왕갈비탕", "왕갈비탕", "영양 갈비탕" 같은 느낌이라고 보면 됩니다. 큰 변화는 없습니다. 그럼 한 번 들어봅시다.

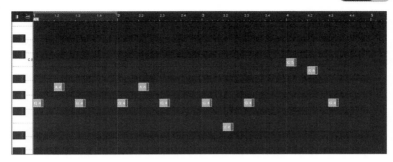

굉장히 자연스럽고 좋네요! 2번의 '솔-라-솔' 반복 후에 3번째에서 조금 변화하며, 4번째로의 큰 점프를 준비하는 느낌입니다.

3 그럼 이번에는 다음과 같이 1번째 음도 변화시켜봅시다.

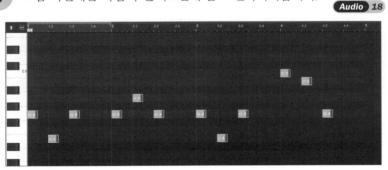

이것도 괜찮은 느낌입니다. 처음의 '솔-라-솔'을 '솔(G4)-미(E4)-솔(G4)'로 변경했습니다. 딱 한 음을 변경했지만, 곡의 의미가 꽤 바뀝니다. 1마디와 3마디가 같은 '솔-미-솔'이 되므로, 1~2마디와 3~4마디가 대조적인 패턴이 되었습니다.

참고로 멜로디의 형태가 바뀐다는 것은 가사를 붙이는 방법이 달라진다는 것입니다. 이 책에서는 가사를 따로 다루지 않지만, '멜로디가 바뀌면 가사도 바뀐다'라고 기억해두면 이후에 도움이 될 것입니다.

4 지금까지 만든 4마디를 복사해서, 8마디의 멜로디를 만들어봅시다. 복사한다는 것은 큰 패턴이 2개 만들어진다는 것입니다. 패턴이 2개가 된다는 것은 또 다시 지루함이 발생할 수 있다는 것입니다. 뒷 패턴이 질리지 않게 약간 변화를 줍시다.

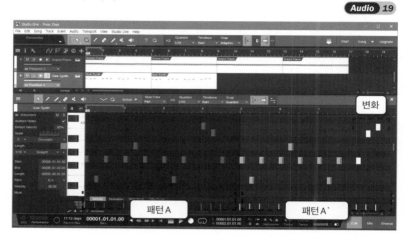

Audio 19

마지막 부분의 '도-시-솔'을 '솔(G4)-시(B4)-도(C5)'로 변경했습니다. 변화와 함께 끝나는 느낌도 있습니다. 이 8마디를 복사하고, 16마디로 만든 뒤 이 파트를 끝내도록 합시다.

이번에 배운 멜로디 제작 방법은 '노래하는 부분으로서의 멜로디'와 '인트로 등에서 나오는 곡의 테마 같은 멜로디'로 사용할 수 있습니다. 코드 진행이라는 뼈대 위에 곡의 얼굴이 잘 보일 수 있게 프레이즈를 넣는 것입니다. 3일째의 마지막 부분에서는 여러 코드 진행에 멜로디를 넣어봅니다. 샘플 음원이 있으므로, 참고해보면 좋을 것입니다.

일단 반복을 통해 멜로디 만들기

작곡 초보자라면 일단 반복이라는 감각을 익혔으면 좋겠습니다. 많은 초보자들이 아무 것도 없는 백지 상태에서 큰 것을 하려고 합니다. 하지만 아무 것도 없이 5분 정도 되는 곡을 만들 수는 없습니다. 작은 패턴을 차근차근 만들어보고, 이를 복사해서 늘리면서 큰 패턴을 만들어보세요. 그리고 이를 계속 반복하면 긴 곡을 만들 수 있게 될 것입니다.

음악은 반복을 기반으로 '기분 좋음'과 '지루함'이 반복되는 시소 게임이라고 할 수 있습니다.

아무리 좋은 것이라도 반복되면 지루해집니다. 그렇다고 변화를 너무 많이 주면 통일감이 없어집니다. 이러한 균형 감각을 기르려면 좋아하는 곡들을 **작곡자의 시선에서** 여러 번 들어보기 바랍니다. "이 곡은 인트로에서 계속 같은 멜로디를 연주하는데 조금 지루하지 않나?", "코러스의 이 멜로디가 여러 곳에서 계속 반복되는구나"처럼 여러 생각을 해보며 음악을 들어보세요. 이러한 생각을 계속 하다보면 직접 곡을 만들 때도 분명 큰 도움이 될 것입니다.

지금까지 드럼, 베이스, 피아노, 멜로디를 만들어보며 작곡에 필요한 주요 파트를 모두 갖추어 보았습니다. 이 16마디 만으로도 충분히 멋진 곡이라고 할 수 있습니다. 일단 지금까지 수고하셨습니다.

조금 더 긴 곡을 만들더라도, 지금까지 했던 작업을 반복하는 것 뿐입니다. 다음 3일째에서는 코드 진행을 더 만들어보고, 보다 긴 곡을 만들어보겠습니다. 마지막까지 조금 더 힘내봅시다.

오늘의 정리
· 3번 정도 반복했으면 1번 정도는 큰 변화를 주세요.
· 반복이라는 속성에 주목해서 여러 곡을 들어보세요.

음악 파일 만들기

지금까지 내용을 진행했다면 한 번 MP3와 같은 음악 파일로 만들어봅시다. 16마디를 통해 약 1분 정도의 곡이 만들어졌습니다. 좀 더 긴 곡을 만들 때에도 지금까지의 과정처럼 패턴을 반복하기만 하면 됩니다. 일단은 걱정하지 말고, 짧은 것부터 만들어 보기 바랍니다. 원고 400장의 장편 소설을 작성하기 전에 짧은 단편 소설 여러 개를 써본다는 느낌이라고 생각하면 좋을 것입니다.

● **Studio One 5 Prime의 경우**
리전 위에 있는 숫자가 적힌 눈금에 Ctrl을 누르고 시작 위치, Alt를 누르고 종료 위치를 지정합니다. 대충 찍은 뒤에 드래그를 해서 곡으로 만들 부분을 지정하면 됩니다.

지정을 완료했다면 [Song]→[Export Mixdown]을 누르면 나오는 화면에서 MP3 등의 음악 파일로 만들 수 있습니다.

● **"GarageBand"의 경우**
[공유] →[노래를 디스크로 내보내기]에서 형식을 선택할 수 있습니다. 간단하게 MP3를 선택해보세요. 다른 형식은 음질이 더 좋지만, 그만큼 용량이 큽니다.

일단 한 곡 만들어보기

3 일째

2일째까지 곡을 만드는 과정을 한 번 체험해보았습니다. 책을 따라가며 만들어보는 것은 2일째까지 입니다. 3일째에서는 직접 자신의 곡을 만드는 방법을 알아보겠습니다.

이번 마지막 날의 목표는 스스로 코드 진행을 조립할 수 있게 되는 것입니다. 코드 진행에는 규칙이 있기 때문에, 그것만 알아 두면 크게 틀릴 일이 없습니다. 체스를 보면 룩은 직선으로 가고, 비숍은 대각선으로 간다는 규칙이 있습니다. 이러한 규칙에 따라 체스 말을 움직이면 크게 문제 없이 체스를 둘 수 있습니다. 이러한 규칙이 코드 진행에도 있습니다.

가사가 있는 곡은 대부분 인트로와 코러스 등의 몇 가지 파트가 있으며, 이러한 파트를 조합해서 구성합니다. 지금부터 배울 규칙에 따라서, 모든 파트를 차근차근 만들어보도록 합시다.

기본적인 주요 3화음

1일 째에서 **F-G-Em-Am**라는 많이 사용하는 코드 진행을 알아보았습니다. 이와 같은 코드 진행은 어떠한 규칙을 기반으로 만들어진 것일까요? 이번 절에서는 코드 진행을 만들 때의 기본적인 원칙을 살펴봅시다.

'코드 진행'과 관련되어서 초보자가 반드시 알아야하는 철칙이 있습니다.

"곡은 C로 시작해서 C로 끝나야 한다."

그런데 우리가 살펴보았던 F-G-Em-Am는 C로 시작해서 C로 끝나지 않습니다. 게다가 C라는 코드가 아예 나오지도 않습니다. "그럼 지금까지 우리는 철칙도 안 지키고 만든 것인가요?"라고 생각한 독자가 있을지도 모르겠습니다. 여기에는 또 다른 이유가 있습니다. 이는 이후에 알아보겠습니다.

그럼 2일째의 53~54페이지에서 소개했던 코드를 다시 한 번 살펴봅시다. 이 코드들은 모두 피아노의 흰색 건반으로만 구성된 코드였습니다.

C Dm Em F G Am (Bm^(♭5))

Bm$^{(♭5)}$는 일단 사용하지 않을 것이므로 생략하고, 나머지만 살펴봅시다. 일단 메이저가 3개, 마이너가 3개라는 것을 알 수 있을 것입니다. 여기에서 메이저 3개를 사용해서 곡을 만드는 것이 작곡의 가장 기본이라고 할 수 있습니다. 즉 C, F, G를 사용해서 만든다는 것입니다.

이러한 3개의 코드를 **주요 3화음(Three Chord)**이라고 부릅니다. 메이저만으로 만들어진 곡은 셀 수도 없이 많습니다. 동요부터 락까지 모두 메이저만으로 만들 수 있습니다.

주요 3화음 만으로 만들어진 곡의 예를 들어보도록 합시다.

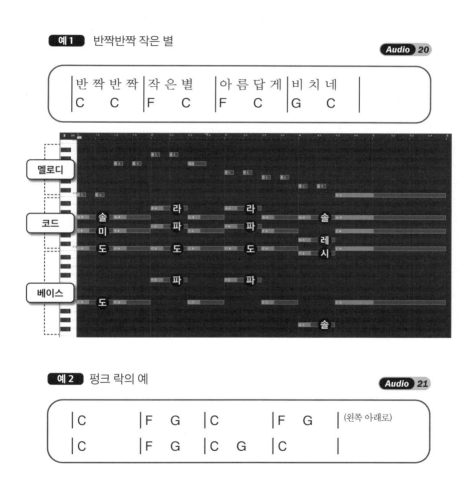

예1 반짝반짝 작은 별

Audio 20

| 반 짝 반 짝 | 작 은 별 | 아 름 답 게 | 비 치 네 | |
| C   C | F   C | F   C | G   C | |

멜로디

코드

베이스

예2 펑크 락의 예

Audio 21

| |C | |F G | |C | |F G | (왼쪽 아래로) |
| |C | |F G | |C G | |C | |

이 두 곡의 곡은 굉장히 다른 느낌의 곡이지만, 모두 **C로 시작해서 C로 끝**나고 있습니다. C로 끝날 때에 곡이 딱하고 끝나는 느낌이 있지 않나요? 이 시작

과 끝의 안정감이 바로 초보자를 위한 작곡의 비결이라고 할 수 있습니다. 만약 곡이 C로 끝나지 않는다면 굉장히 불안한 느낌이 들게 됩니다. 예를 들어 다음 예를 살펴봅시다.

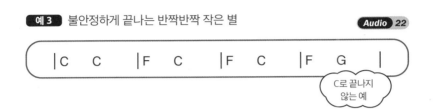

예3 불안정하게 끝나는 반짝반짝 작은 별 　　　　　　　　　**Audio 22**

| C　　C | F　　C | F　　C | F　　G |

C로 끝나지 않는 예

코드의 역할

그럼 굉장히 중요한 내용을 하나 더 살펴봅시다. 이전에 소개한 두 곡은 모두 **C로 끝나기 전에 G**가 있습니다. G→C의 진행은 끝나는 느낌이 굉장히 크게 들게 만듭니다. G 뒤에 C가 오면 안정감을 얻을 수 있다는 것입니다.

이처럼 C에서 안정감을 느끼게 만드는 것을 '해결'이라고 부릅니다. 추가적으로 G에서 C로 끝나는 움직임은 굉장히 중요한 해결 방법 중 하나라서 **도미넌트 종지**라는 명칭이 따로 있습니다(실제로는 G7에서 C로 해결하는 경우가 많지만, 이것도 간단하게 G라고 보도록 하겠습니다).

이처럼 코드에는 어떠한 역할이 있으며, "이 코드 뒤에는 이 코드가 나오면 좋다"라는 것이 결정되어 있습니다. 코드의 역할을 설명할 때는 **토닉(Tonic), 서브도미넌트(Sub dominant), 도미넌트(Dominant)**라는 용어를 전문 용어를 사용하는 것이 일반적입니다.

갑자기 어려워 보이는 용어가 나와서 당황하고 있을지도 모르겠네요. 이는 단순하게 C, F, G라는 코드를 조금 어렵게 표현하는 것이라고 생각하면 좋습니다. 그럼 다음 표를 살펴봅시다.

● 코드의 역할

명칭	해당하는 코드	역할과 성격
토닉	C	**어떤 코드로도 진행할 수 있습니다__.** 따라서 C→C, C→F, C→G의 진행이 가능합니다
서브 도미넌트	F	주로 **도미넌트로 진행**합니다. 따라서 F→G가 일반적입니다. 드라마틱한 전개감을 느끼게 합니다. 토닉으로 해결하는 경우도 있지만(F→C), 끝날 때의 해결감이 도미넌트 종지보다 적습니다
도미넌트	G	**토닉으로 진행**하는 것이 기본적인 원칙입니다. 따라서 G→C 이며 도미넌트 종지가 만들어집니다. 집으로 돌아오는듯한 안정감을 얻을 수 있습니다

전문 용어가 갑자기 많이 나와서 음악을 공부하고 있다는 느낌이 들지 않나요? 그럼 이러한 코드의 역할을 기반으로 이전의 두 곡의 코드 진행을 다시 살펴보세요. 규칙에 딱 맞춰져 만들어졌다는 것을 알 수 있을 것입니다.

주요 3화음을 제외한 3개의 화음

지금까지 C, F, G에 대해서 살펴보았습니다. 그럼 남은 마이너 코드(Dm, Em, Am)를 살펴봅시다. 당연하겠지만 사용할 수 있는 코드의 수가 늘어나면 다양한 표현을 할 수 있게 됩니다. 그렇다면 이러한 코드는 어떻게 사용해야 할까요?

사실 이 코드들도 이전의 코드 역할로 분류할 수 있습니다. C, F, G라는 주요 코드 대신 사용한다는 의미로 **대리 코드**라고 부릅니다.

● 대리 코드의 분류

    토닉 ······ Em, Am   서브 도미넌트 ······ Dm

대리 코드를 사용할 때 중요한 포인트는 "같은 역할을 가진 주요 코드 바로 앞에는 배치할 수 없다"입니다. 따라서 Em(토닉의 대리 코드)→C(토닉), Am(토닉의 대리 코드)→C(토닉)은 사용할 수 없습니다. 다만 Dm(서브 도미넌트)→G(도미넌트)처럼 역할이 다른 경우에는 사용할 수 있습니다.

지금까지 설명한 토닉, 서브 도미넌트, 도미넌트의 관계를 그림으로 정리해보면 다음과 같습니다.

● 코드 진행의 원칙

대리 코드를 잘 사용하면 코드 진행이 굉장히 다채로워집니다. 간단하게 주요 3화음으로만 구성된 코드 진행에 대리 코드를 넣어 변경해봅시다.

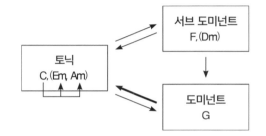

● 간단한 Thre Chord 진행

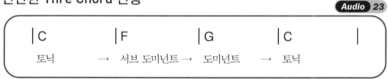

● 대리 코드를 추가한 진행

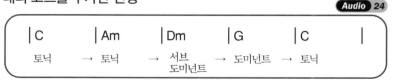

직접 생각하면서 코드 진행을 만들기 시작하니, 작곡하는 느낌이 있습니다. 물론 수십, 수백 년 동안 위대한 작곡가들이 다양한 곡을 만들었으므로, 수많은 코드 진행이 있고, 같은 코드 진행들이 반복돼서 사용되어 왔습니다. 서점에 가보면 '자주 사용하는 코드 진행'과 관련된 책도 많이 살펴볼 수 있습니다.

예를 들어 F-G-Em-Am도 그 중에 하나입니다. 이는 F(서브 도미넌트)로 시작하고 있습니다. 사실 서브 도미넌트로 시작하게 만드는 것은 처음 공부할 때 혼란을 줄 수 있지만, 굉장히 멋진 진행이라 소개해보았습니다. 추가로 이후의 '레벨업' 부분에 많이 사용되는 코드 진행을 정리해보았습니다. 꼭 참고해보기 바랍니다.

"음악 이론을 공부한다"라고 생각하면 약간 딱딱한 느낌이 있을 수 있지만, "앞서간 사람들이 만들었던 아이디어를 공부한다"라는 의미입니다. 따라서 음악 이론을 그렇게 어렵게 생각하지 말아 주세요. 그리고 "음악 이론을 꼭 공부해야 곡을 만들 수 있어"라는 의무감보다는 "내가 곡을 만들 때 도움이 될 수 있을거야"라는 느낌으로 공부하면 좋을 것입니다.

그럼 지금까지 배웠던 코드 진행의 원칙을 사용해서, '연습 문제②'를 살펴봅시다. 한 곡을 완성하기 위한 마지막 산이라고 할 수 있습니다.

오늘의 정리
- 곡은 C로 시작해서 C로 끝납니다.
- 토닉, 서브 도미넌트, 도미넌트의 진행 방향을 꼭 기억해주세요.
- 반짝 반짝 작은 별도 락 음악도 같습니다. 인류도 모두 평등합니다. 사랑과 평화(Love & Peace)가 함께 하기를 바랍니다.

연습문제 ② 코드 진행 만들기

가사가 들어가는 대부분의 곡은 A-벌스, B-벌스, 코러스(후렴)라는 부분으로 구성됩니다. 이를 직접 만드는 것은 굉장히 많은 노력이 들어가는 작업입니다. 따라서 조금 더 효율적으로 이를 구성할 수 있는 방법에 대해서 살펴봅시다.

긴 곡을 만들 때는 일단 코드 진행을 결정해서 **전체적인 그림을 먼저 완성**하는 것이 좋습니다. 곡을 만드는 동안 길을 잃지 않게, 설계도를 만드는 것입니다. 일단 **종이와 펜**을 사용해서 차근차근 진행해봅시다. 어떤 단계에서 어떤 멜로디를 낼지 생각하지 말고, 일단 규칙에 틀리지 않게만 코드 진행을 만들어도 상관없습니다.

설계도가 완성되었다면 실제로 연주해보면서, 이상한 부분이 있다면 그때 수정해주세요. 사실 답이 없는 과정입니다. 피아노 또는 기타를 연주할 수 있는 분이라면 코드를 연주해보면서 "이게 더 좋지 않을까?" 등을 생각해보며 자신의 스타일에 맞게 곡을 바꿔나갈 수 있을 것입니다. 악기를 다룰 수 있으면 조금 더 곡을 빠르게 만들 수 있다는 장점이 있습니다.

그럼 코드 진행 만들기를 연습해봅시다. 다음 문제들의 빈칸을 채워보기 바랍니다. 토닉, 도미넌트, 서브 도미넌트의 진행 방향을 의식하면서, 빈칸에 코드 이름을 적어서 코드 진행 표를 완성해주세요.

① 인트로

C — ☐ — ☐ — ☐

— ☐ — ☐ — ☐ — ☐

힌트
- C는 토닉이므로 어떤 코드로도 진행할 수 있습니다.
- 인트로 뒤에 이어지는 A-벌스의 앞부분이 토닉입니다. 따라서 매끄러운 진행을 만들려면 인트로의 마지막 부분이 도미넌트가 되는 것이 좋을 것입니다. 이처럼 반대로도 생각해볼 수 있습니다.

② A-벌스

C — ☐ — ☐ — ☐

— ☐ — ☐ — ☐ — ☐

③ B-벌스

Am — ☐ — ☐ — ☐

— ☐ — ☐ — ☐ — ☐

힌트
- 뒤에 이어지는 코러스가 서브 도미넌트로 시작합니다. 따라서 B-벌스의 마지막 부분이 토닉이 되면 좋을 것입니다.

④ 코러스

F — G — Em — Am

— F — G — Em — Am

— F — G — Em — Am

— F — Em — Dm — G

포인트
- "입문편"의 2일째에서 만든 부분입니다.
- 다만 마지막 부분이 Am면 Am→C (C는 이어지는 아웃트로의 시작 부분입니다)가 되는데, 이를 피하고 도미넌트 종지를 낼 수 있게, G로 변경했습니다.

⑤ 아웃트로

C — ☐ — ☐ — ☐

— ☐ — ☐ — ☐ — ☐

힌트
- 작곡의 기본에 충실할 수 있게, C로 끝나고 있습니다. 가장 마지막 부분이므로 큰 안정감을 줄 수 있게 도미넌트 종지를 사용하는 것이 좋을 것입니다.
- 인트로와 아웃트로에 같은 코드 진행을 사용하면 통일감을 줄 수 있습니다.

3 일째

6 곡 전체 설계하기
~ 코드 진행 조합하기 ~

코드 진행을 조합해서 곡 하나 만들기

이전 절의 '연습 문제②'에서 설계도를 작성해 보았나요? 이 설계도가 바로 여러분이 만들 곡의 전체적인 코드 진행입니다. 지금까지는 함께 차근차근 따라하며 공부했지만, 지금부터는 독자 여러분 각각의 작업이 시작될 때입니다. 설계도를 기반으로 드럼, 베이스, 멜로디를 추가해보세요. 지금까지 배운 지식을 모두 동원해서 한 곡을 완성해보세요.

아쉽게 책이라는 매체의 특성 때문에 한 분 한 분의 코드 진행을 확인해드릴 수 없습니다. 대신 샘플 코드 진행을 책과 함께 제공하는 예제 파일에 넣어보았습니다. 한 번 들어보기 바랍니다. 추가로 Studio One 5 Prime과 GarageBand에서 읽어 들일 수 있는 형식의 파일을 포함해, 큐베이스에서 사용할 수 있는 파일도 넣었으니 참고해보기 바랍니다. 같은 코드 진행이라고 멜로디가 달라지면 다른 곡이 됩니다. 잘 활용해보기 바랍니다(코드 진행에는 저작권이 없습니다!).

● 인트로

Audio 25

| |C | |Am | |Dm | |G | |
|토닉 | → |토닉 | → |서브 도미넌트→ |도미넌트 | → |

| |C | |Am | |Dm | |G | |
|토닉 | → |토닉 | → |서브 도미넌트→ |도미넌트 |

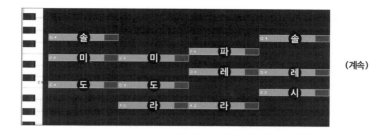

(계속)

68 페이지에서도 등장한 진행을 그대로 사용해보았습니다. 굉장히 전형적인 진행입니다.

● A-벌스

Audio 26

	C		C		F		F	
토닉	→	토닉	→	서브 도미넌트→	서브 도미넌트→			

	Em		Em		Dm		G	
토닉	→	토닉	→	서브 도미넌트→	도미넌트			

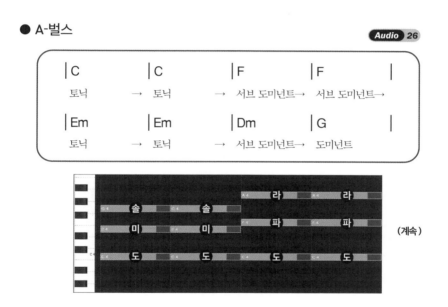

(계속)

두 소절마다 코드가 변경되므로, 음악의 흐름이 굉장히 느긋하고 편안 합니다. 후반부에서는 C의 대리 코드인 Em를 사용해보았습니다.

● B-벌스

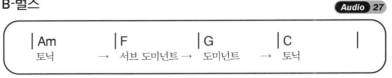

| Am | F | G | C | |
| 토닉 | → 서브 도미넌트 → | 도미넌트 | → 토닉 | |

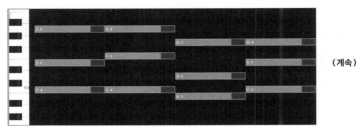

(계속)

B-벌스는 A-벌스와 분위기가 조금 다르게 만들어 봅시다. 대리 코드 등을 활용해보면 좋을 것입니다. 현재 예시처럼 Am로 시작해보면 갑자기 마이너 느낌이 들어가서 분위기가 바뀝니다. 그래서 A-벌스와 B-벌스의 명확한 변화를 느낄 수 있습니다.

● 코러스

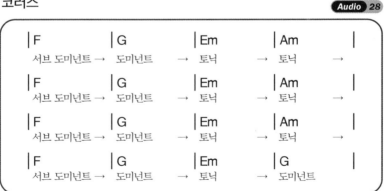

F	G	Em	Am	
서브 도미넌트 →	도미넌트	→ 토닉	→ 토닉	→
F	G	Em	Am	
서브 도미넌트 →	도미넌트	→ 토닉	→ 토닉	→
F	G	Em	Am	
서브 도미넌트 →	도미넌트	→ 토닉	→ 토닉	→
F	G	Em	G	
서브 도미넌트 →	도미넌트	→ 토닉	→ 도미넌트	

'입문편'에서 만들었던 F-G-Em-Am 부분입니다. 서브 도미넌트로 시작하게 구성하면 약간 극적인 분위기를 낼 수 있습니다.

● 아웃트로

	C		Am		Dm		G	
토닉	→	토닉	→	서브 도미넌트	→	도미넌트→	
	C		Am		Dm		G		C
토닉	→	토닉	→	서브 도미넌트	→	도미넌트	→	토닉

인트로와 같은 진행입니다. 마지막 부분은 규칙에 따라서 G→C로 끝나게 했습니다.

한 곡에서도 여러 코드 진행이 등장했습니다. 마음에 드는 부분이 있다면 모방해보며 자신의 것으로 만들어보세요. 처음 한 곡을 만들어보면 시간이 정말 오래 걸릴 수도 있습니다. 하지만 한 번 만들어보면 다음에는 조금 더 나아질 수 있을 것입니다.

샘플 파일에는 인트로부터 아웃트로까지의 한 곡이 수록되어 있습니다. 코드 진행에 드럼만 추가한 버전(Audio 30), 베이스와 멜로디만 추가한 버전 (Audio 31)이 각각 들어 있습니다(각각 File 01, 02 에 대응됩니다). 멜로디가 들어가면 느낌이 크게 바뀐다는 것을 알 수 있을 것입니다. 꼭 참고하면서, 자신의 코드 진행과 멜로디를 기반으로 자신의 곡을 많이 만들어보기 바랍니다.

작곡을 잘하는 가장 좋은 방법은 여러 곡을 만들어보는 것이라 생각합니다. "3일 동안 배우는 작곡 입문"의 기본적인 내용은 여기까지입니다. 3일 동안 배운 경험을 기반으로 차근차근 더 공부해보세요. 수고하셨습니다!

오늘의 정리

- 규칙을 따르면 곡을 만들 수 있습니다!
- 코드 진행에는 저작권이 없습니다. 좋아하는 곡들의 아이디어를 모방해보세요!
- 3일 동안의 내용을 복습해보고, 여러 패턴의 코드 진행을 생각해보며 곡을 만들어보세요!

칼럼 3 MIDI란?

음악 데이터는 크게 'MIDI'와 '오디오'라는 두 가지 종류로 나눌 수 있습니다. 이 둘은 어떤 차이가 있을까요?

우리가 일반적으로 듣는 음악은 오디오 데이터입니다. 용량이 크고 음질이 좋은 'wav'와 'AIFF', 압축되어 용량이 가벼운 'mp3'와 'AAC' 등이 있습니다.

MIDI 데이터에는 소리가 들어있지는 않습니다. 컴퓨터가 연주할 수 있는 "악보"라고 생각하면 됩니다. MIDI 데이터는 컴퓨터에 "이런 악기 소리로, 이정도의 높이로, 이정도의 세기로, 이정도의 길이로 소리를 내줘"라고 전달하기 위한 데이터입니다. 악보만으로는 소리가 나지 않는 것처럼 MIDI 데이터도 MIDI 데이터만으로는 소리가 나지 않습니다. 우리가 지금까지 마우스를 사용해서 음표를 입력해왔던 작업을 "MIDI를 찍는다"라고 부릅니다.

우리가 사용하고 있는 Studio One 5 Prime과 GarageBand에서 데이터를 MIDI 데이터로 출력하는 방법, 오디오 데이터로 출력하는 방법은 62페이지를 참고해 주세요.

스텝업편

한걸음 더 나아가기 위한 원 포인트 리듬 레슨

이번 장에서는 '입문편'에서 소개하지 못했던 내용을 설명합니다. 이번 장의 기초가 되는 것은 리듬감입니다. 리듬감이 좋아지면 드럼, 멜로디, 베이스를 포함한 모든 악기의 표현력이 향상됩니다. 몸에 리듬감이 붙으면 더 다양한 아이디어가 생각나게 됩니다.

어렵게 생각하지 마세요. 즐기면서 몸으로 느껴봅시다.

① 템포로 분위기 바꾸기

템포 차이로 발생하는 분위기 차이

우리가 듣는 곡 중에는 느긋하고 차분한 곡도 있고, 질주하는 듯 빠른 곡도 있습니다. 템포는 다양한 분위기의 곡을 만들 때 굉장히 중요한 요소입니다. 곡의 느낌에 맞는 템포가 어느 정도인지 생각해봅시다.

일단 각 소프트웨어에서 템포를 변경하는 방법에 대해서 살펴보겠습니다.

● 'Studio One 5 Prime'의 경우

● 'GarageBand'의 경우

입문편에서는 기본적으로 설정되는 템포인 120을 사용했습니다. 이는 '1분에 4분 음표를 120번 치는 속도'라는 의미로, 'BPM=120'이라고 표기하기도 합니다(BPM이란 Beats Per Minutes의 약자입니다). 시계 초침이 "똑딱 똑딱"하는 소리는 1분에 60번 울리므로 60BPM입니다. 사람의 심장 박동이 느리면 느긋해지고, 흥분하면 빨라지는 것처럼 템포에 따라서도 곡의 느낌이 변합니다.

● BPM과 곡의 느낌

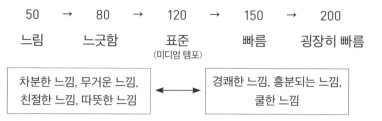

50 → 80 → 120 → 150 → 200
느림　느긋함　표준　빠름　굉장히 빠름
(미디엄 템포)

| 차분한 느낌, 무거운 느낌, 친절한 느낌, 따뜻한 느낌 | ←→ | 경쾌한 느낌, 흥분되는 느낌, 쿨한 느낌 |

숫자가 절대적인 기준이 되지 않는 경우

사실 BPM 숫자와 체감 속도가 달라지는 경우가 있습니다. BPM = 130으로 설정하고, 다른 패턴으로 드럼을 치는 3가지 예를 준비했습니다. 차근차근 들어봅시다. Audio 32

일단 1번째로 나오는 것은 기본적인 리듬입니다. 2번째는 조금 더 큼직한 느낌으로 느리게 리듬을 연주합니다. BPM이 절반이 되는 느낌이 있어서, 이를 '하프 템포(Half Tempo)'라고 부릅니다. 3번째는 반대로 1번째와 비교해서 2배 정도 빠른 느낌이 납니다.

같은 템포라도 어떻게 리듬을 자르는지에 따라서 체감하는 속도가 달라질 수 있습니다. 다음 절에서는 실제로 리듬을 연습해보면서 익혀보도록 합시다.

오늘의
정리 · 곡의 느낌에 맞는 템포를 찾아야 합니다.

② 리듬감 익히기

　그럼 리듬을 간단하게 연습해봅시다. 휴식한다는 느낌으로 편안하게 진행하기 바랍니다. '입문편'에서도 간단한 리듬 연습을 했습니다. 이번에는 여러 가지 음표와 함께 쉼표라는 것이 등장합니다. 쉼표는 소리를 쉰다는 뜻으로 '무음'을 나타내는 것입니다.

　쉼표는 "아무것도 하지 않는 것이 아니라, 무음을 연주하는 것"이라고 생각하면 리듬감이 훨씬 빠르게 늘 것입니다. 리듬감이 좋아지면 노래를 만들 때도 큰 도움이 됩니다. 따라서 쉼표를 잘 의식하며 '웃'이라는 소리를 내보기 바랍니다.

　음표와 쉼표 모두 손박자는 항상 4분 음표 간격으로 내주세요. 책과 함께 제공되는 파일과 함께 반복해서 연습해봅시다(처음 4마디는 준비음이 나옵니다).

- 4분 음표(♩): 1박자의 표준이 되는 길이(=4박자의 경우, 한 마디에 4개 들어감)
- 4분 쉼표(𝄽): 4분 음표만큼의 길이를 쉼

- 2분 음표(♩): 4분 음표의 2배 길이(= 한 마디에 2개 들어감)
- 2분 쉼표(▬): 2분 음표만큼의 길이를 쉼

- 온 음표(**o**): 4분 음표의 4배 길이(= 한 마디 전체를 차지함)
- 온 쉼표(**▬**): 한 마디만큼 쉼

- 8분 음표(**♪**): 4분 음표 반 만큼의 길이(=1마디에 16개 들어감)
- 8분 쉼표(**ϒ**): 8분 음표 길이만큼 쉼

※ **♫** 는 ♪가 2개 연결된 것입니다. 한 박씩 모아 놓아서, 쉽게 볼 수 있게 만드는 것입니다.

- 16분 음표(**♬**): 8분 음표 반 만큼의 길이(=1마디에 16개 들어감)
- 16분 쉼표(**ϓ**): 16분 음표 길이만큼 쉼

※ **♬♬** 는 ♪가 4개 연결된 것입니다.

오늘의 정리 · 리듬을 몸에 익히고 싶다면 적극적으로 소리를 내보세요.

3 멜로디 아이디어 더 만들어보기

음표 공략하기

이전 절에서 살펴보았던 리듬 연습은 멜로디를 만들 때도 큰 도움이 됩니다. "멜로디를 만들었는데 너무 단조롭다", "멜로디를 몇 개 만들고 나니 더 떠오르지 않는다"라는 고민이 들 때는 음표의 수에 대해서 생각해봅시다.

예를 들어 '4분 음표 하나'의 길이는 '8분 음표 + 16분 음표 + 16분 음표'으로 나눌 수 있습니다. 이렇게 음표를 나누면 소리의 수도 증가하고, 가사가 있는 경우 가사의 양도 늘어납니다.

반대로 '4분 음표 + 4분 음표'를 '2분 음표 하나'로 바꾸어 느긋한 느낌을 줄 수도 있습니다. 또한 음표를 쉼표로 바꾸어서 소리를 안 내는 형태로 바꿔보는 것도 좋습니다.

멜로디를 만들 때 리듬을 변화시키는 방법은 이처럼 '나누기', '합치기', '쉼표로 바꾸기' 밖에 없습니다. 그럼 "나누기"와 "합치기"를 수행한 패턴 두 가지를 살펴봅시다.

● 패턴1

Audio 38

딴   딴   다다웃다웃다 따다 따다다다웃다웃   딴   딴   따다웃따웃따 따다 따다다다웃다웃다

● 패턴2

딴   웃 딴 딴 딴   딴   웃 딴 딴 따다

음정 공략하기

곡 내부에서 멜로디는 높아지거나 낮아지는 방향으로 진행합니다. 소리의 높이가 변하는 방법은 '높아진다', '낮아진다', '그대로 진행한다'라는 3가지 밖에 없습니다. "단숨에 높아 진다"라거나 "완만하게 높아진다"라는 차이는 있을 수 있지만 기본적으로는 높아지는 것이라 할 수 있습니다.

그리고 곡 내부에서 가장 고음이 많이 나오는 부분이 곡이 가장 고조되는 부분이라 할 수 있습니다. 소리가 높아지면 감정도 함께 고조되기 때문입니다. 그래서 곡의 가장 중요한 부분이라 할 수 있는 코러스에서 소리가 단숨에 높아지는 경우가 많습니다. 어디에서 감정을 억제하고, 어디에서 감정을 고조시킬 것인가 등을 생각하면서 소리의 높낮이를 결정하도록 합시다.

방금 살펴보았던 리듬 변화 샘플에 음정 변화도 추가해봅시다.

● 패턴1

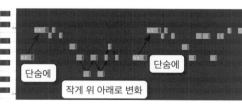

● 패턴2

오늘의
정리 · 멜로디 만들기가 막힌다면 모든 음표와 음정에 변화를 주자!

4 음에 강약 주기

음표에는 강약 있어요.

지금까지 음표의 '수'와 '길이'에 대해서 살펴보았습니다. 그런데 음에는 이 이외에도 '강약'이라는 요소가 숨어있습니다. 신기하게도 강한 소리를 내는지, 약한 소리를 내는지에 따라서 리듬에 대한 느낌도 바뀝니다.

Ⓐ와 Ⓑ의 패턴은 굵게 표시한 부분에 강세를 준 것입니다. 어떤 느낌이 나는지 직접 살펴보세요.

Audio 42

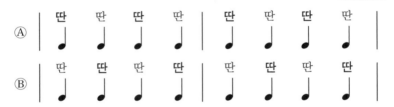

Ⓐ가 조금 더 딱딱한 느낌이 들 것입니다. Ⓑ는 추진력을 가진 느낌이 들지 않나요? 그럼 8분 음표에서 이러한 강세를 주면 어떨까요?

Audio 43

Ⓐ는 무엇인가 정직한 느낌, Ⓑ는 바쁘고 많은 인상이 듭니다. A는 앞박에 강세를 두고, B는 뒷박에 강세를 주고 있습니다. 앞박에 강세를 두는 것을 정박, 뒷박에 강세를 두는 것을 엇박이라고 부릅니다. 일반적으로 우리는 정박에 익숙합니다. 엇박을 의식하고 신경 쓰다 보면 리듬감이 크게 늘어날 것입니다.

벨로시티 변경하기

음에 강세를 줄 때는 음악 소프트웨어에서 '벨로시티(velocity)'라는 값을 변경합니다. 작곡 소프트웨어에서는 크기를 1~127의 범위에서 지정할 수 있습니다. 127이 가장 강한 강세이며, 1은 거의 소리를 안 내는 것에 가깝습니다.

벨로시티에는 음량 변화 이외에도 중요한 역할이 있습니다. 바로 컴퓨터의 연주에 인간적인 느낌을 주는 것입니다. 벨로시티를 사용해서 강세를 주면 보다 인간적인 감정을 표현할 수 있습니다. 예를 들어 벨로시티 변경을 통해, 드럼의 하이햇 소리에 변화를 주어봅시다.

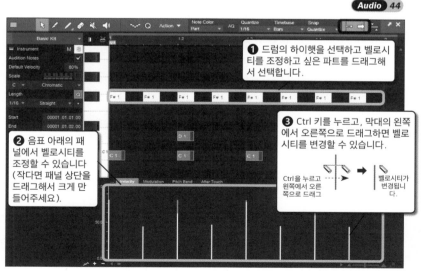

Audio 44

❶ 드럼의 하이햇을 선택하고 벨로시티를 조정하고 싶은 파트를 드래그해서 선택합니다.

❷ 음표 아래의 패널에서 벨로시티를 조정할 수 있습니다 (작다면 패널 상단을 드래그해서 크게 만들어주세요).

❸ Ctrl 키를 누르고, 막대의 왼쪽에서 오른쪽으로 드래그하면 벨로시티를 변경할 수 있습니다.

Ctrl을 누르고 왼쪽에서 오른쪽으로 드래그 → 벨로시티가 변경됩니다.

벨로시티 숫자가 계속 일정하면 '기계적'이라는 느낌을 주게 됩니다. 물론 기계적인 표현이 나쁘다는 것은 아닙니다. 테크노 등의 전자 음악처럼 이러한 기계적인 느낌을 매력으로 사용하는 장르도 있습니다.

· 인간적인 느낌과 기계적인 느낌, 각각의 특성을 잘 활용해봅시다.

5 드럼 패턴 발전시키기

벨로시티 조정으로 드럼에 느낌 변화주기

이전 절에서 음에 강세를 주는 벨로시티 조정 기술을 알아보았습니다. 이를 드럼에 응용해보며 손에 익혀보도록 합시다. 드럼 소리의 벨로시티를 조정하면 훨씬 더 다양한 표현을 할 수 있게 됩니다. 샘플을 들으면서, 어떠한 형태로 하는지 살펴봅시다. 참고로 샘플은 2번 반복 재생됩니다.

1 일단 기본적인 형태입니다. 8비트의 일반적인 형태인 "쿠웅딴 쿵쿵딴" 입니다. 하이햇의 뒷박을 50 정도로 낮춰봅시다. 굉장히 간단했던 리듬이 조금 더 드럼다워지지 않았나요?

Audio 44

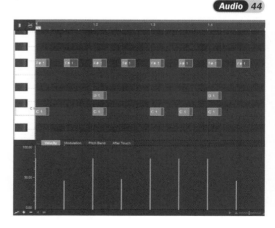

2 8분 음표 하이햇 사이에 16분 음표로 스네어를 넣어봅시다. 벨로시티를 35 정도로 조정하면 굉장히 작은 소리가 납니다. 이렇게 하고 들어보면 리듬이 조금 살아 있다는 느낌이 나지 않나요? 이러한 음을 '고스트 노트 (Ghost Note)'라고 부릅니다. 그대로 번역하면 '유령 음표'라고 할 수 있습니다. 일종의 리듬 조미료라고 생각하면 될 것 같습니다.

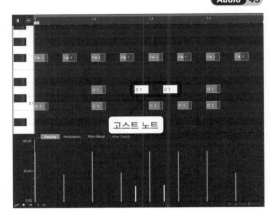

3 하이햇에 16분 음표를 사용하면 16비트가 만들어집니다. 8분 음표와 비교해서 리듬이 세분화되어 있다는 느낌을 받을 수 있을 것입니다. 16분 음표의 배치를 변경하면 다양한 패턴을 만들 수 있습니다. 직접 다양한 패턴을 만들어보세요.

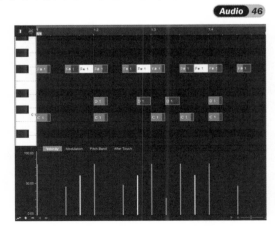

4 '리듬이 점점 복잡해지잖아……'라고 생각할 수 있을 텐데요. 이번에는 간단하게 바꿔봅시다. 하이햇을 빠르게 치지만, 킥과 스네어를 느리게 치는 형태입니다. 이것대로 특별한 느낌이 듭니다.

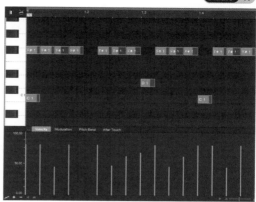

5 이번에는 마지막 부분을 스네어로 채워보았습니다. 스네어의 벨로시티는 처음에는 약하다가 점점 강해지는 패턴입니다. 여러 번 복사해서 기본 리듬 패턴으로 사용하는 것보다는 필인(리

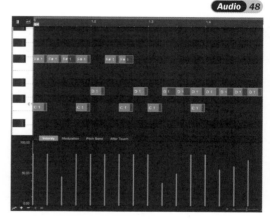

듬 패턴과 리듬 패턴을 연결하는 강렬한 프레이즈)으로 사용하면 좋을 것입니다.

초보 단계에서는 소리를 너무 많이 집어넣어서, 사람이 칠 수도 없는 프레이즈를 만들게 되는 경우가 많지만, 일단 초보자 단계에서 신경 쓰지 않아도 됩니다. 작곡에서 틀린 것이란 없습니다. 다양한 패턴을 만들며 멋진 리듬을 만들어보세요.

오늘의 정리 · 리듬의 빈 부분을 채우면 새로운 패턴을 만들 수 있습니다.

6 베이스를 좀 더 잘 활용하기

드럼과 베이스는 단짝 친구

'입문편'에서 베이스는 코드의 토대가 되는 음이라고 설명했습니다. 하지만 원래 베이스는 이 이외에도 중요한 역할을 갖고 있습니다. 바로 리듬입니다. 리듬은 드럼과 베이스에 의해서 만들어집니다. 드럼이 아무리 리듬을 잘 연주해도, 베이스가 이를 맞춰주지 않는다면 리듬이 살지 않습니다.

예를 들어서 이전 절의 ④의 드럼에 베이스를 넣어 들어봅시다. 샘플 음원에서는 4마디를 반복해서 연주합니다.

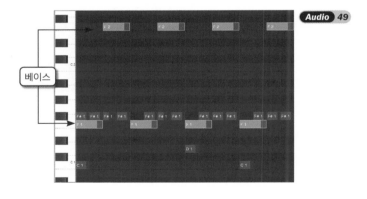

실제 밴드에서 이렇게 베이스를 연주하면 "(베이스에게) 상황 좀 보고 들어와?!"라고 혼날 것만 같습니다. 시끄러워서 계속 듣기 약간 힘듭니다. 물론 "무엇이 문제지?"라고 생각할 수도 있습니다. 아직 우리는 입문편에서 옥타브 주법 밖에 배우지 않았기 때문에, 현재 단계에서는 무엇이 이상한지 잘 모르는 것이 당연합니다.

이 샘플에서 가장 문제가 되는 것은 모처럼 만들어진 드럼의 리듬을 베이스가 부순다는 것입니다. 실제 밴드에서는 음악성 차이로 밴드가 해체되어도 할 말이 없습니다. 베이스와 드럼은 서로가 어떠한 형태로 진행되는지 잘 알아야 합니다.

드럼의 느낌을 살리면서, 패턴을 고쳐보면 다음과 같습니다.

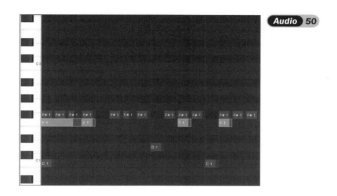

이전과 다르게 베이스도 중간중간 쉬면서 리듬의 방향성을 드럼에 맞추었습니다. 이미지에는 들어있지 않지만, 샘플 음원을 들어보면 이후에 약간의 변화를 넣어 지루함도 없습니다.

드럼뿐만 아니라 모든 악기의 리듬과 소리 배치를 생각하면서 작곡하는 것이 좋습니다. 음악은 여러 악기가 함께 만들어나가는 것이므로 각각의 악기들이 서로서로 양보해야 합니다.

가사와 제목 생각하기

첫 곡이 완성되었으니 곡에 제목을 붙여보세요. 제목은 곡의 "얼굴"입니다. 곡의 소리보다 먼저 들어오는 정보이므로 인상의 절반은 제목으로 결정된다고도 할 수 있습니다. 곡에 제목을 붙이는 것은 뭔가 창피하고 부끄러운 일처럼 느껴질 수도 있습니다. 사실 필자도 처음에는 그랬답니다. 하지만 그저 "연습곡 1번"이라고 이름을 붙이는 것은 좋지 않습니다. 자신에게는 단순한 연습곡이라도, 누군가에게는 훌륭한 노래일 수 있습니다. 당당하게 제목을 붙여주세요.

가사도 마찬가지입니다. 이 책은 작사 기법까지는 다루지 않지만, 작사도 잊지 않았으면 좋겠습니다. "나는 BGM만 만들 것이니까 작사는 필요 없어"라고 단정해버리는 것은 굉장히 아깝습니다. 무엇이든 도전해보세요.. 스스로 해보지 않고는 작사의 재미와 느낌을 경험할 수 없습니다.

작사를 못 하는 이유의 99%는 "너무 부끄러워서" 또는 "생각이 나지 않아서"라고 할 수 있습니다. 처음에는 "멜로디의 수와 가사의 수만 맞으면 된다"라는 느낌으로 시작해보세요. "라라~라라라~"라면 그냥 "사과~바나나~"처럼 단순해도 좋습니다. 이러한 한 걸음 한 걸음을 하다 보면 작사도 조금씩 익숙해질 것입니다.

레벨업편

한걸음 더
나아가기 위한
음악 지식

"멋진 소리를 낼 수 있다면 전문적인 내용을 몰라도 괜찮아"라는 것이 음악의 좋은 점이라 할 수 있습니다. 이를 음악적인 센스라고 표현합니다. 하지만 실제로 천재들을 보면 센스라는 것은 지식과 경험이 축적되면서 나오는 것이라는 걸 알 수 있습니다. 다시 말해서 지금부터 여러분도 음악적 센스를 늘릴 수 있다는 것입니다. 음악의 구조와 코드 등의 이론을 알게 되면 작곡의 폭이 훨씬 더 크게 넓어질 것입니다.

이번 장에서는 음악적인 기초 지식을 살펴볼 것입니다. 흐름이 끊기지 않게 미루어왔던 내용도 이번 장에서 모두 다루도록 하겠습니다.

"곡의 전체적인 느낌을 먼저 알고 싶어!"라고 생각한다면 다음 장에 있는 "실전 활용편"을 먼저 읽어도 좋습니다. 그리고 거기에서 음악 지식의 필요성을 느꼈을 때, 이번 장을 차근차근 살펴봐도 괜찮습니다. 새로운 경험들을 할 수 있을 것입니다.

1 도레미솔라시도의 비밀
~메이저 스케일~

◆ 흰색 건반의 두 가지 배열 방법

음악을 조금이라도 공부해보았다면 "도레미파솔라시도"에 대해서 알고 있을 것입니다. 코드와 멜로디의 기반이 되는 중요한 요소입니다. 하지만 도레미파솔라시도를 너무 당연하다고 생각해서 깊게 생각한 적이 없는 분도 있을 것입니다. 이번 절에서는 도레미파솔라시도가 어떻게 배열되어 있는지에 주목해보도록 합시다. 이번 레벨업 편의 가장 기초가 되는 부분이므로 차근차근 진행해보도록 합시다.

앞의 그림은 피아노 건반의 도레미파솔라시도입니다. 일단 주목해보았으면 하는 부분이 있다면 '미-파'와 '시-도'입니다. 이 부분은 흰색 건반만 딱 붙어있네요. 예를 들어 '도-레'와 같은 다른 부분은 흰색 건반 사이에 검은색 건반이 하나 들어 있습니다. 그래서 건반을 하나 건너뛰게 됩니다. 굉장히 중요한 포인트입니다.

다시 건반 그림에서 도-레-미-파-솔-라-시-도……를 차례대로 봅시다. "하나 건너뛰고", "하나 건너뛰고", "딱 붙어있고", "하나 건너뛰고", "하나 건너뛰고", "하나 건너뛰고", "딱 붙어있고"라는 형태로 음이 배열되어 있다는 것을 알 수 있을 것입니다.

이처럼 규칙적으로 배열된 음의 배열를 **스케일(음계)**이라고 부릅니다. 스케일을 기억해두면 어떤 높이의 키(검은 건반이 몇 개 나오더라도)에서도 작곡을 할 수 있게 됩니다. 키와 관련된 구체적인 이야기는 다음 절에서 해보고, 이번 절에서는 도레미파솔라시도의 구조를 조금 더 자세히 살펴봅시다.

◆ '스케일의 구조'와 '온음과 반음'

음이 '건반 하나를 건너뛰는 경우'와 '딱 붙어있는 경우'의 관계를 나타내는 전문 용어가 있습니다.

- 건반 하나를 건너 뛰는 경우 … **온음** (예: 도-레)
- 딱 붙어있는 경우 …………… **반음** (예: 미-파)
  ※ "반음 2개 = 온음 1개"가 됩니다.

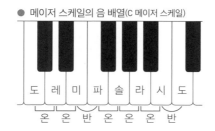

● 메이저 스케일의 음 배열(C 메이저 스케일)

도레미파솔라시도는 이처럼 "온온반온온온반"이라는 배열로 만들어지는 것입니다. 이러한 배열을 메이저 스케일(Major Scale)이라고 부릅니다. 과거부터 다양한 스케일이 고안되었고, 현대까지 계승되어 왔지만, 많은 사람에게 익숙한 스케일은 바로 메이저 스케일입니다. 일반적으로 가장 유명한 '도레미파솔라시도'의 배열은 C로부터 시작됩니다. 그래서 이를 'C 메이저 스케일'이라고 부릅니다.

메이저 스케일이 있다는 것은 마이너 스케일도 있다는 것입니다. 하지만 마이너 스케일까지 한 번에 다루면 너무 복잡해질 수 있으므로, 이는 이후에 살펴보겠습니다.

다음 절에서는 C 메이저 스케일 이외의 D 메이저 스케일, E 메이저 스케일 등을 살펴보겠습니다. 지금까지 사용하지 않았던 검은 건반이 이제부터 등장한답니다.

오늘의
정리
- '도레미파솔라시도'는 온음과 반음의 조합으로 만들어집니다.
- C부터 시작하는 '도레미파솔라시도'를 'C 메이저 스케일'이라고 부르면 조금 멋져 보입니다.

2 키를 변경한다는 것이란?
~ 키와 스케일의 구조~

◆ 키를 변경한다는 것

그럼 이어서 '도'로 시작하지 않는 메이저 스케일을 살펴봅시다. 이제부터 처음으로 피아노의 검은 건반을 사용하는 스케일이 등장합니다. 그렇다고 어렵게 생각할 필요는 없습니다. 흰 건반과 검은 건반을 따로 구별할 필요 없이, 그냥 같은 규칙으로 스케일을 생각하면 됩니다.

노래방에서 키를 변경해본 적이 있나요? 조정해본 적이 있다면 "키가 너무 높아서 못 부르겠으니까, −2로 설정하자" 또는 "너무 낮으니까 +3하자"라고 생각하며 조정했을 것입니다. 이때 키란, 어떤 스케일로 만들어진 곡을 나타내는 용어입니다. 만약 C 메이저 스케일로 만들어진 곡이라면 'C 키'(정확하게는 C 메이저 키)의 곡이 됩니다. '키(Key)'라는 용어는 한국어에서 '조(調)'라고 부릅니다.

키 변경 기능을 생각해보면서, C 키를 변경해봅시다. 예를 들어 '+2'한다면 버튼을 두 번 누르게 될텐데요.

키 변경 기능의 단위는 반음입니다. C부터 D까지가 반음 2개이므로, C 키에서 '+2'를 하면 D 키가 됩니다. 그리고 이에 따라 모든 도레미파솔라시도가 반음 2개 만큼 높아집니다. 그래서 도부터가 아니라 레부터 시작하게 됩니다.

● D 메이저 스케일

Audio 51

이제 검은 건반이 등장했습니다. 검은 건반의 음은 흰색 건반에서 한 칸 위일 때 #(샵), 한 칸 아래일 때 b(플랫)으로 표기합니다. 추가로 '도#'과 '레b'은 실제로 같은 음이지만, 같은 음을 어떻게 부를지는 키에 따라서 결정됩니다.

◆ #과 b이 붙은 키도 스케일의 배열은 같아요.

어쨌거나 '레-미-파#-솔-라-시-도#-레'라는 메이저 스케일이 생성되었습니다. 레부터 시작하므로 D 메이저 스케일입니다. 검은 건반이 있어도, "키가 조금 높아진 도레미파솔라시도"에 지나지 않습니다.

이처럼 스케일은 어떤 음부터나 시작할 수 있습니다. 도부터 시까지는 12개의 음이 있고, 각각의 음부터 시작하는 스케일을 만들 수 있습니다.

"그걸 다 어떻게 외우냐?!"라고 생각하며 걱정하는 독자도 있을 것입니다. 당연히 모두 외울 필요는 없습니다. 어떤 음에서 시작해도 키를 만들 수 있는 마법의 주문이 있기 때문입니다. 바로 **'온온반온온온반'**입니다. 이를 사용해서 **E 메이저 스케일**을 만들어봅시다.

일단 E 메이저 스케일은 시작이 되는 음이 E(미)라는 것입니다. 여기에서부터 '온온반온온온반……'을 차례대로 세어보면 '미-파#-솔#-라-시-도#-레#-미'가 되어 E 메이저 스케일이 만들어집니다. 간단하죠?

● E 메이저 스케일

E 메이저 스케일에서는 C 메이저 스케일을 사용해서 곡을 만들 때 사용했던

중요한 '도와 솔'과 같은 소리가 나오지 않습니다. 스케일에 없는 소리를 내버리면 불협화음이 되어 이상한 소리가 나므로 주의해주세요. 예를 들어 C 메이저 스케일의 곡을 만들 때 검은 건반을 치면 조금 이상하게 들립니다.

흰 건반만 알던 때와 비교해서, 사용할 수 있는 음의 세계가 갑자기 넓어진 기분이 들 것입니다. 조금 복잡하게 느껴질 수 있으므로 무리하게 지금 당장 검은 키를 사용할 필요는 없습니다. 당분간은 C 메이저 스케일을 사용해서 여러 가지를 만들어봅시다.

· '온온반온온온반'이라는 마법의 주문을 사용하면 쉽게 여러 키를 구성할 수 있습니다.

3 코드 진행에 대해서 더 알아보기
~디그리 네임①~

◆ 코드 진행의 공통점

이전 절에서 C 이외의 메이저 스케일을 만드는 방법을 알아보았습니다. 사용할 수 있는 키의 종류가 늘어나면 그만큼 다양한 작곡을 할 수 있게 됩니다. 하지만 키를 바꾸어 곡을 만들려면 C 메이저 스케일에서 사용하던 코드 진행이 아니라, 해당 키에 맞는 코드 진행을 사용해야 합니다.

"그럼 또 외워야 하나요?"라며 걱정하는 사람이 있을 수도 있을 것 같네요. 처음 공부할 때는 키가 변할 때마다 "또 새로운 진행이 나와버렸어"라고 생각할 수밖에 없습니다. 하지만 걱정마세요. 이러한 걱정을 모두 해결해줄 비밀 병기가 있습니다. 무엇인지 차근차근 살펴봅시다.

갑작스럽지만 간단한 퀴즈를 내보겠습니다. 푸들, 말티즈, 포메라니안, 닥스훈트, 시츄, 비숑 프리제……의 공통점은 무엇일까요?

"강아지의 종류라는 것?"

정답입니다. 모든 종류의 이름을 몰라도 푸들과 말티즈라는 단어만 연상해도 짐작할 수 있을 것입니다. 예를 들어 비숑 프리제가 뭔지 몰라도, 다른 것들이 개라는 것을 알면 "일단 개겠구나"라고 생각할 수 있을 것입니다.

코드 진행도 마찬가지입니다. Ab-Db-Eb-Ab이라던지, B-E-F#-B이라던지, E-A-B-E라던지, 정말 수 많은 코드 진행이 있을 수 있는데요. 사실 방금 적은 코드를 C 키로 옮겨보면 모두 C-F-G-C라는 진행이 됩니다.

사실 지금은 딱 듣고 무슨 내용인지 이해하기 힘들 것입니다. 하지만 조금 더 공부해보면 앞에서 언급한 강아지 이야기처럼 코드 진행에도 공통점이 있다는 것을 알 수 있습니다. 이 공통점을 찾을 때 사용되는 것이 바로 **디그리 네임(Degree name)**입니다.

◆ 디그리 네임으로 코드 진행 파악하기

'디그리(Degree)'는 한국어로 '도수'라고 부르며, 이때 '수'는 숫자를 나타냅니다. 디그리 네임이란 **각각의 키에서 코드의 역할을 숫자로 표기한 것**이라고 할 수 있습니다. C 메이저 스케일에는 C, Dm, Em, F, G, Am, Bm$^{(b5)}$라는 7개의 코드가 있으며, 여기에 디그리 네임을 붙이면 각각 1도, 2도, …, 7도까지 붙게 됩니다.

예를 들어 코드 진행을 디그리 네임으로 변경해서 읽어본다면 C-F-G-C는 1-4-5-1입니다. 입문편 1일 째에서 살펴보았던 F-G-Em-Am는 4-5-3-6입니다.

이 숫자는 음악에서 로마 숫자(I, II, ……)로 표현하는 경우가 많습니다. 그래서 각각을 I도, II도……라고 표기합니다. 추가로 마이너에는 m을 붙여서 코드의 성질을 표기해줍니다.

● C 메이저 스케일의 디그리 네임

	도	레	미	파	솔	라	시
코드 네임	C	Dm	Em	F	G	Am	Bm$^{(b5)}$
디그리 네임	I	IIm	IIIm	IV	V	VIm	VIIm$^{(b5)}$

코드 진행을 디그리 네임으로 변경하는 방법을 간단하게 알아보았지만, 이것이 어떤 도움이 되는 것일까요? 다음 절에서 알아보도록 합시다.

오늘의 **정리** · 코드 진행은 디그리 네임으로 변경해서 기억합니다.

4 코드 진행에 대해서 더 알아보기
~디그리 네임②~

◆ **코드 진행 디그리 네임은 키가 달라져도 바뀌지 않아요.**

지금까지 C 메이저 스케일의 코드를 예로 디그리 네임을 살펴보았습니다. 하지만 디그리 네임의 위력은 다른 키일 때 발휘됩니다. 이번 절에서는 그 활용 방법을 살펴보도록 하겠습니다. G 메이저 스케일의 코드에 디그리 네임을 붙여보도록 합니다. G 메이저 스케일은 솔부터 시작하는 스케일입니다. 따라서 G가 디그리 네임의 I이 됩니다.

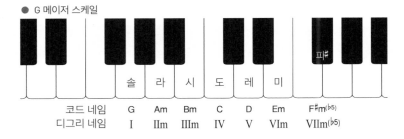

그럼 연습 삼아서 앞의 그림의 코드 진행을 디그리 네임으로 나타내봅시다.

예를 들어서 'C-D-Bm-Em'라는 코드 진행이 있다고 합시다. 이를 디그리 네임으로 나타내면 'IV-V-IIIm-IVm'입니다. 만약 이를 C 메이저 스케일에 맞춘다면 'F-G-Em-Am'이므로 이전에 사용했던 것과 같은 진행이라는 것을 알 수 있을 것입니다.

'C-D-Bm-Em'와 'F-G-Em-Am'를 들어보며 비교해봅시다. **Audio 53**

코드는 다르지만, IV→V→IIIm→Vim라는 진행 성질은 같으므로, 분위기는 거의 같다고 느낄 수 있을 것입니다. 즉 키가 달라서 눈으로 보이는 코드 기호가 다르더라도, 디그리 네임을 보면 진행의 형태가 같다는 것을 알 수 있는 것입니다.

◆ 디그리 네임을 기반으로 자유롭게 키 이동하기

이처럼 디그리 네임을 사용하면 키가 다르더라도 같은 진행을 찾아낼 수 있습니다. 또한 반대로 자신이 알고 있는 코드 진행을 다른 키에 적용해서 사용할 수도 있습니다.

이전 절의 C 메이저 스케일의 디그리네임과 이번 G 메이저 스케일의 디그리 네임을 비교해보면 C 메이저 스케일에서는 C가 I, G 메이저 스케일에서는 C가 IV입니다. 전자의 C는 토닉이며, 후자의 C는 서브 도미넌트입니다. 따라서 C가 언제나 I로 토닉이 아닐 수도 있다는 것을 기억하기 바랍니다.

이 책의 마지막 부분에 있는 부록에 각 키에서 사용할 수 있는 기본 코드를 표로 정리해 놓았습니다. C 이외의 키로 곡을 만들고 싶을 때 편리하게 사용할 수 있을 것입니다.

이번 내용을 읽고 "어렵다"라고 느낀 독자도 꽤 많을 것입니다. 지금 당장 이해가 되지 않아도 괜찮습니다. C 이외의 키로 곡을 만들거나, 다른 여러 곡의 코드 진행을 확인해보다 보면 그때 어떤 느낌인지 차근차근 이해가 될 것입니다. 계속해서 곡을 만들어보다가, "이게 그 말이구나"라는 생각이 들 때, 그리고 "그게 필요했구나"라는 생각이 들 때, 이 부분을 다시 읽어보면 좋을 것입니다.

- 잘 모르는 코드 진행도 C 키로 생각하면 좋습니다.
- 디그리 네임은 작곡가들만 이해할 수 있는 일종의 암호입니다.

5 코드의 기반이 되는 것
~음정의 구조~

◆ 음과 음 사이의 거리 측정하기

지금부터는 작곡할 때 빼놓을 수 없는 '코드'를 이후에도 혼자서도 자유롭게 만들 수 있게 하기 위한 이야기를 하겠습니다. 한 옥타브 안에는 모두 12개의 음이 있습니다. 게임처럼 이러한 12개의 음을 재료로 적절하게 조합하면 굉장히 좋은 무기(코드)가 만들어집니다. 재료를 변경하면 만들어지는 무기(코드)도 달라집니다.

'입문편'의 2일째 50페이지에서 "기본적으로 하나의 코드는 3개 이상의 음이 모여서 만들어진다"라고 설명했습니다. 이때 각각의 음은 높이가 다르며, 음과 음 사이에 '거리'가 있습니다. **"어떤 음과 어떤 음이 어느정도 떨어져 있는가?"**를 **음정**이라고 부릅니다.

"음정은 음의 높이 아닌가?"라고 생각할 독자 분도 있을 것입니다. 분명 그런 의미로도 많이 사용되지만, 음정의 정확한 의미는 '음과 음 사이의 거리'입니다. 잘못된 이야기에 휩쓸리지 말아주세요!

◆ '도'와 다른 흰 건반 사이에 만들어지는 음정의 종류

코드는 여러 개의 음이 모여 울리는 것으로 **음정의 결합체**라고 말할 수 있습니다. C 코드는 '도·미·솔'이지만, 엄밀하게는 '도'와 '도→미의 음정'과 '도→솔의 음정'이 모인 것이라고 생각할 수 있습니다. 각각의 음정에는 특별한 이름들이 붙어있습니다.

지금까지 책의 내용을 따라서 진행했다면 메이저 스케일의 7-음을 알고 있을 것이므로, 일단 이러한 7개의 음으로 음정을 설명하겠습니다. 다음 표는 피아노 건반 위에 음정의 이름을 나타낸 것입니다. 음정은 도를 기준음(루트)로 하고 있습니다. 따라서 다음 표는 도와 레, 도와 미처럼 도와 다른 음 사이의 음정을 나타내고 있는 것입니다. 루트(root)란 코드의 토대가 되는 음을 나타냅니다(51페이지 참고).

음정	루트		장2도		장3도	완전4도		완전5도		장6도		장7도	옥타브
음 이름	도		레		미	파		솔		라		시	도
반음 수 (거리)	0		2		4	5		7		9		11	12

예를 들어 도와 미를 동시에 울리면 두 음은 장3도라는 관계를 갖습니다(반음 4개). 도와 솔이라면 완전5도(반음 7개)입니다. '완전'이라는 것은 굉장히 예쁜 울림이 만들어지기 때문에 붙은 것이라고 생각해주세요.

◆ "도"와 다른 검은 건반 사이에 만들어지는 음정의 종류

그럼 남은 5개의 음도 살펴봅시다. 현재 처음 공부하는 단계에서 중요한 것은 굵은 글씨로 표시한 2개입니다.

음정	루트	단2도		단3도			증4도 감5도		증5도 감6도		단7도		
음 이름	도	레b		미b			파#솔b		솔#라b		시b		
반음 수 (거리)	0	1		3			6		8		10		

- **단3도**: 가장 중요합니다. 장3도보다 반음 적은 것이 단3도입니다. 마이너 속성의 코드를 만들 때 사용합니다.
- **단7도**: 중요합니다. 장7도보다 반음 적은 것이 단7도입니다. 전설의 무기 인 '세븐스 코드'를 만들 때 사용합니다.

다음 절에서는 이러한 음정을 조합해서 코드를 만들어 봅시다.

- 장3도와 단3도를 알아두면 코드의 구조를 이해할 수 있습니다.
- 재료를 합성하면 자신이 원하는 무기(코드)를 만들 수 있습니다.

6 코드 만들기 레시피 ①
~메이저 코드~

◆ 다른 코드도 코드의 구조는 같습니다

이전 페이지의 음정 표를 기반으로, 코드를 만들어봅시다. 지금부터 설명하는 내용은 "만들고자 하는 코드를 합성할 때 필요한 레시피"라고 생각해주세요. 일단 가장 기본적인 메이저 코드부터 살펴보겠습니다.

메이저 코드를 이전에 살펴보기는 했지만, 기억이 잘 나지 않는 독자들을 위해 간단하게 복습해보겠습니다. C 코드와 G 코드를 정확하게 표현하면 C 메이저 코드와 G 메이저 코드입니다. 하지만 그냥 C 코드와 G 코드라고 불러도 메이저 코드라는 것을 알 수 있기 때문에 일반적으로 생략해서 이야기합니다. 메이저 코드는 마이너 코드와 다르게 밝고 명랑한 느낌을 줍니다.

메이저 코드는 3개의 음으로 만들어지는 화음입니다. 루트와 다른 음들의 음정 관계는 다음과 같습니다.

메이저 코드의 음정 구성 …… 루트 + 장3도 + 완전5도

이전 절에서 배웠던 음정이 나왔습니다. 기억이 잘 나지 않는다면 이전 절의 표를 함께 참고하면서 읽어주세요. C 메이저 코드의 경우, 루트 = C, 도의 장3도 = 미, 도의 완전5도 = 솔로 구성된다는 것을 알 수 있습니다.

● C 메이저 코드(C) **Audio** 54

◆ 루트 음 위에 메이저 코드의 음정 구성 맞추기

그럼 지금까지 한 번도 살펴보았던 적이 없는 A 코드를 만들어봅시다. 이번에는 A 음(라)를 루트로 하게 됩니다. 이어서 '라'를 기반으로' 장3도'와 '완전5도'를 찾습니다. 다만 이전 절의 표는 도를 루트로 하는 음정 표이므로 루트 음이 도에서 라로 라로 바뀝니다. 다른 음들의 이름도 모두 상대적으로 바뀌게 됩니다. 라에서 장3도와 완전5도에 해당하는 음은 무엇일까요?

● A 메이저 코드(A)

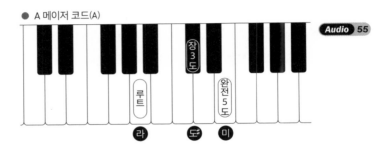

루트에서 반음 4개만큼 떨어져 있는 음정이 장3도이므로, 라의 장3도는 검은 건반에 있는 도#이 됩니다. 이어서 완전5도의 음을 찾아봅시다. 루트에서 반음 7개만큼 떨어져 있는 음이므로, 루트가 라일 때는 완전5도가 미입니다.

A 코드는 '입문편'에서 살펴보았던 Am 코드와 굉장히 비슷합니다. 어디가 어떻게 다른지 알 수 있나요? 가장 간단하게 A는 메이저 코드이고 Am는 마이너 코드라는 것이 다릅니다. 이어지는 절에서는 마이너 코드를 만드는 방법을 살펴보겠습니다.

오늘의 정리
· 메이저 코드는 루트 + 장3도 + 완전5도입니다.
· F와 G 코드의 구성도 직접 찾아보세요.

7 코드 만들기 레시피 ②
~마이너 코드~

◆ 마이너 코드의 구조

이어서 마이너 코드를 만들어봅시다. 메이저 코드를 만드는 법만 알고 있다면 굉장히 간단하게 만들 수 있어서 쉽게 기억할 수 있을 것입니다. 마이너 코드를 만들 때는 **단3도**의 음을 사용합니다. 쇼트 케이크를 만들 때는 딸기를 사용하고, 불의 검을 만들 때 불의 마석을 사용하는 것처럼 마이너 코드를 만들 때는 단3도를 사용합니다.

마이너 코드의 음정 구성 …… 루트 + 단3도 + 완전5도

메이저 코드와 다른 부분은 장3도가 단3도라는 것뿐입니다. 장3도는 반음 4개만큼, 단3도는 반음 3개만큼이므로, C의 장3도였던 미를 반음 내리는 것만으로 Cm 코드가 만들어집니다.

미에서 반음 내린 미b이 포인트입니다. 소리를 들어보면 딱 한 음이 다른 것인데, C의 밝고 명랑했던 소리가 사라지는 것을 알 수 있습니다. 음악의 신비라고 할 수 있는 부분입니다.

● C 마이너 코드 (Cm) **Audio 56**

109

예를 들어서 이전 페이지에서 만든 A 메이저 코드의 장3도 음을 반음 내려 봅시다. 도#을 반음 내려서, '라-도-미'가 되면 이미 여러 번 사용해보았던 Am 로 바뀝니다. 라에서 반음 3개 만큼 떨어진 단3도인 도가 사용되고 있는 것을 볼 수 있습니다.

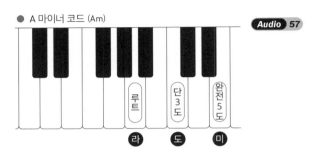

● A 마이너 코드 (Am)

◆ 마이너 코드 → 메이저 코드도 간단하게 만들 수 있어요

반대로 마이너 코드를 알고 있을 때는 3도의 음을 반음 올려서 메이저 코드로 바꿀 수 있습니다. 예를 들어서 Em는 '입문편' 2일째의 51페이지에서 소개했던, 피아노의 흰색 건반으로만 만들어지는 코드입니다. 만약 E 메이저 코드를 만들고 싶을 때, Em 코드를 기억하고 있다면 '루트-장3도-완전5도'를 확인하지 않아도, Em에서 음 하나만 변경해서 만들 수도 있습니다.

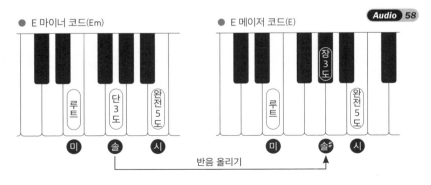

● E 마이너 코드(Em)　　　　● E 메이저 코드(E)

어떤가요? 이 방법을 사용하면 이미 알고 있는 코드의 마이너와 메이저를 변환할 수 있습니다. 따라서 사용할 수 있는 코드의 수가 배로 늘어납니다.

메이저 코드와 마이너 코드는 기본 중의 기본입니다. 기본을 알아야 코드에 음을 추가해서, 또 새로운 코드로 진화시킬 수 있습니다. 메이저 코드와 마이너 코드를 꼭 기억해주세요.

오늘의
정리
· 마이너 코드는 단3도를 사용합니다.
· 메이저 코드와 마이너 코드의 변환 방법을 기억하면서,
　더 많은 코드를 외워주세요.

8 세븐스 코드의 사용 방법
~세븐스 코드①~

◆ 중독적인 소리의 세븐스 코드

지금부터는 기본적인 코드 이외에 '사용할 수 있는 코드'의 종류를 몇 가지 소개하도록 하겠습니다. 이러한 코드를 사용하면 곡을 조금 더 센스 있게 만들 수 있게 될 것입니다.

일단 처음 소개할 코드 종류는 **세븐스 코드**입니다. '세븐스(seventh)'라는 이름만으로도 멋진 느낌이 나지 않나요? 실제로 소리도 굉장히 멋진 코드입니다. 세븐스 코드가 멋지다 보니, 세븐스 코드를 중독적으로 사용하는 중독자들도 많습니다. 지금부터 두 절에 거쳐서 세븐스 코드를 알아보도록 하겠습니다.

세븐스는 지금까지 사용했던 C 또는 G 코드에, 이름 그대로 7번째 음을 추가해서 만듭니다. 7번째 음이란 105페이지의 음정표에 있는 '단7도' 또는 '장7도'를 나타냅니다. 따라서 세븐스 코드에는 다음과 같은 두 가지 종류가 있습니다. 반대로 말하면 두 가지 밖에 없다고 할 수 있습니다.

- 단7도 음을 추가해서 만드는 **세븐스 코드**
- 장7도 음을 추가해서 만드는 **메이저 세븐스 코드**

"메이저 세븐의 반대는 마이너 세븐 아니야?"라고 생각하는 독자도 있을 것입니다. 하지만 일단 반대는 "세븐스 코드이다"라고 기억해주세요. 이와 관련된 내용은 이후에 자세하게 설명하겠습니다.

일단 가장 기본적인 C 코드를 세븐스와 메이저 세븐스로 진화시켜봅시다. 도에서 단7도는 **시**b이고, 장7도는 **시**입니다. 7도의 음을 찾을 때는 간단한 팁이 있습니다. 루트에서 위로 7도를 세는 것보다, 반대로 아래로 세어서 찾는 것입니다. 예를 들어 루트의 반음 1개 아래는 메이저 세븐이며 시에 해당하고, 반음 2개 아래는 마이너 세븐이며 시b이 됩니다. 이렇게 찾는 것이 더 쉬울 것입니다.

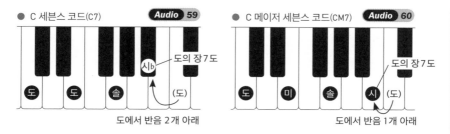

소리를 각각 들어봅시다. 기존의 C 코드보다 성숙하고 멋진 느낌의 소리를 느낄 수 있을 것입니다.

◆ G7은 도미넌트 종지의 핵심

조금 갑작스럽지만, '도미넌트 종지'라는 용어를 기억하고 있나요? '입문편'의 66페이지에서 G 코드를 사용할 때 설명했습니다. 이 G를 G 세븐스(G7)로 변경하면 토닉으로 진행하려는 힘이 더욱 강해집니다.

G7은 G 코드의 단7도를 추가한 것입니다. 구성은은 '솔·시·레 **+ 파**'입니다. 이 구성음 중에서 시와 파가 특히 중요합니다. 도미넌트 종지의 핵심이라고 할 수 있습니다.

'시'와 '파' 음을 동시에 울리면 굉장히 불안한 소리가 납니다. 그리고 음에는 '반음 아래 또는 반음 위로 진행하려 하는 성질'이 있습니다. 이로 인해서 '파'는 반음 아래의 '미'로, '시'는 반음 위의 '도'로 진행하려 합니다. '미'와 '도'도 C의 구성음이므로 불안정한 울림이 울리는 G7에서 C로 진행하면 사람의 귀에 굉장한 안정감을 주게 됩니다. 이것이 도미넌트(G7)에서 토닉(C)으로 진행할 때 '끝나는 느낌'을 주는 이유입니다.

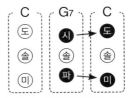

※ '파 · 시' → '미 · 도'의 움직임 후에 코드 전체를 연주하는 샘플입니다.

G7의 시는 반음 위의 도로, 파는 반음 아래의 미로 진행하는 것이 자연스럽습니다.

오늘의 정리

· 단7도와 장7도는 반대로 세는 방법도 있습니다.

· G7은 C가 너무너무 보고 싶어 두근거려 소리가 떨립니다.

9 멋진 코드의 정석
~세븐스 코드②~

◆ 3음 코드를 4음으로 진화시키기

　지금부터는 곡 내부에서 사용할 수 있는 세븐스 코드의 종류를 살펴보겠습니다. 일단 지금까지 사용했던 코드들을 C 메이저 키의 세븐스 코드로 진화시켜봅시다. '입문편'에서 등장한 코드는 '도·미·솔'이라는 3개의 음으로 만들어지는 화음이었습니다. 이 아이들이 성장해서 어른이 된 모습이 7도 음을 더해 4개의 음을 사용하는 세븐스 코드라고 이해하면 좋을 것 같습니다. 4개의 음이 들리기 때문에 깊이 있는 울림이 만들어집니다.

● C 메이저 스케일에서 사용할 수 있는 세븐스 코드

Audio 62

종류	읽는 방법	구성음
CM7	C 메이저 세븐스	도·미·솔·**시**
Dm7	Dm 세븐스	레·파·라·**도**
Em7	Em 세븐스	미·솔·시·**레**
FM7	F 메이저 세븐스	파·라·도·**미**
G7	G 세븐스	솔·시·레·**파**
Am7	Am 세븐스	라·도·미·**솔**
Bm7(b5)	Bm 세븐스 플랫 파이브	시·레·파·**라**

C 메이저 키의 코드에 피아노 흰색 건반으로 만들 수 있는 7도를 추가했습니다. 코드 이름에 '7' 또는 'M7'이 추가되었습니다. '7'(세븐스)는 루트에서 보았을 때 단7도, 'M7'(메이저 세븐스)는 장7도의 음이 추가된 코드입니다.

장7도를 추가한 경우는 '메이저 세븐스'인데, 단7도를 더하는 경우는 왜 '마이너 세븐스'가 아니라, 단순하게 '세븐스'라고 부르는 것일까요? 이전 절에서 잠시 보류했던 의문을 지금 설명하겠습니다. 예를 들어 Dm7에 단7도를 추가했을 때, '마이너 세븐스 코드'라고 붙여 부르게 되면 'D 마이너 마이너 세븐스 코드'처럼 '마이너'가 2번 반복됩니다. 그래서 단7도를 더하는 경우는 '마이너'를 생략해서 쉽게 부르는 것입니다.

"코드에 따라서 어떤 경우에 세븐스가 붙고, 어떤 경우에 마이너 세븐스가 붙는건가요?"라는 의문도 들 수 있습니다. 굉장히 간단한 이유입니다. C 메이저 스케일에서 세븐스를 만들 때에는 **7도 음도 C 메이저 스케일의 음을 사용해야** 합니다. 따라서 7도 음도 피아노의 흰 건반을 사용해야 합니다.

이전 절의 C7과 CM7 그림을 비교해보면 C7은 'C + 시♭', CM7은 'C + 시'입니다. 시와 시♭ 중에서 C 메이저 키에 속한 음은 시이므로, C 메이저 키에서 세븐스를 만들 때는 CM7을 사용할 수밖에 없는 것입니다. G의 경우도 마찬가지로 G7(G + 파)와 GM7(G + 파#)으로 두 종류의 세븐스 코드가 있습니다. G7을 사용하는 이유는 G7만 흰색 건반으로 만들어지기 때문입니다. 다만 C7과 GM7을 무조건 사용 못 한다는 것은 아닙니다. 편곡 과정에서 일부 사용하는 경우도 있습니다.

그럼 '입문편'의 2일째에서 소개했던 F→G→Em→ Am 진행을 세븐스 버전으로 들어봅시다. 멋지고, 품위 있고, 애수에 찬 성숙한 분위기가 납니다.

● 세븐스 코드의 성숙한 분위기

Audio 63

| |FM7 | |G7 | |Em7 | |Am7 | | |
| |FM7 | |G7 | |Em7 | |Am7 | | |

오늘의
정리
· 세븐스는 코드는 어른과 같은 성숙한 느낌이 납니다.

· 항상 사용하는 코드에 음 하나를 추가해서, 멋진 상급자가 되어봅시다.

10 간단하게 멋진 코드 사용하기
~나인스 코드~

　지금까지 살펴보았던 세븐스 코드는 꽤 어려운 내용이었습니다. 이번 절에서는 훨씬 간단하게 멋진 코드를 만드는 방법을 소개하겠습니다. **9th(나인스)**라는 9도 음을 사용해서 만드는 것입니다. 그런데 9도 음정은 한 번도 살펴본 적이 없습니다. 사실 옥타브 위에도 음정이 있습니다. 옥타브는 도수로 나타냈을 때 완전8도입니다. 따라서 도에서 보았을 때 9도(장9)는 레가 됩니다.

　"레는 장2도 아니야?"라는 의문을 갖는 사람이 있을 것 같은데요. 맞습니다. 장9도와 장2도는 같은 음입니다. 9th는 **add9(애드 나인스)**라고 표기하는 경우가 많으며, 토닉으로 많이 사용됩니다(add는 "~을 추가한다"라는 의미입니다).

　"지금까지의 코드 표기 규칙에 따르면 C에 9th를 추가하면 C9이 되어야 하지 않나?"라고 생각할 수도 있겠지만, Cadd9와 C^{9}는 의미가 다릅니다. Cadd9은 단순하게 C에 9도를 추가한 것이고, C^{9}은 C7에 9도를 추가한 것입니다. 따라서 단7도의 음의 포함 상태가 다릅니다.

　어렵게 생각하지 말고, **C에 레를 추가하는 것만으로 멋있는 소리가 난다!** 라고 기억해도 다양하게 활용할 수 있을 것입니다.

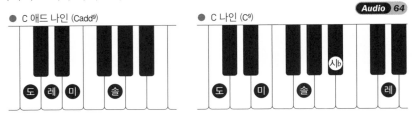

● C 애드 나인 (Cadd⁹)　　● C 나인 (C⁹)　　**Audio 64**

미와 레 음이 충돌하는 경우에는 미를 생략해도 괜찮습니다.

◆ 나인스의 멋진 힘

나인스를 사용해서 C→F→C→F를 멋지게 만들어봅시다.

Audio 65

| Cadd⁹ | FM₇ | Cadd⁹ | FM₇ |
| Cadd⁹ |

C→F→C→F는 음악 교과서에 나오는 정직한 느낌이지만, 나인스를 사용하면 도시적이고 품격 있는 느낌으로 바뀝니다. 그럼 이번에는 다음 음원을 들어봅시다.

Audio 66

| Dm⁹ | G⁹ | CM⁹ | C⁹ |
| Dm⁹ | G⁹ | CM⁹ |

멋지지 않나요? Dm, G, C가 시골에서 도시로 올라온 뒤 새로운 패션에 눈을 뜬 것처럼 차려입은 느낌입니다. 어떤 옷을 입고 있는지 더 자세하게 살펴봅시다. Dm + 단7도(도) + 장9도(미), G + 단7도(파) + 장9도(라), C + 장7도(시) + 장9도(레), C + 단7도(시♭) + 장9도(레)입니다. 단순한 add9이 아니라, 7도 음도 함께 포함되어 있어서 어렵게 느껴질지도 모르겠네요.

어쨌거나 이 소리를 들은 후에 일반적인 Dm→G→C 버전을 들어보면 의외로 나쁘지 않게 들릴 것입니다. Audio 67 무언가 중요한 것을 떠올리게 해주네요.

오늘의 정리

- C에 레를 추가하면 Cadd9이라는 멋진 코드가 만들어집니다.
- 어릴 때는 성숙한 어른이 무조건 좋고, 빨리 어른이 되고 싶을 때가 많지만, 어른이 되어 생각해보면 어릴 때의 천진난만한 추억이 좋을 때도 있습니다. 기본 코드와 세븐스 코드를 모두 잘 활용해주세요.

11 듣는 사람을 애태우는 방법
~서스 포 코드~

◆ 듣는 사람을 애태우는 서스 포 코드

간단하게 사용할 수 있는 코드 진행을 계속 설명하겠습니다. 사용할 수 있는 코드와 코드의 위치를 기억하면 좋을 것입니다. 그럼 이번 절에서 살펴볼 코드는 sus4입니다.

sus4는 '**서스 포**'라고 읽으며, '4'는 문자 그대로 완전4도의 음을 나타냅니다. 메이저 코드의 **장3도 대신 완전4도를 사용한 것**이 바로 sus4 코드입니다. C 코드에 해당하는 '도·미·솔'을 '도·파·솔'로 변경하면 Csus4가 됩니다. 이게 전부입니다.

sus4의 구성······루트 + 완전4도 + 완전5도

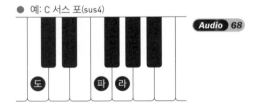

● 예: C 서스 포(sus4)

Audio 68

sus는 suspended(서스펜디드)를 생략한 것입니다. 이는 '걸려있다'라는 의미입니다. 무엇이 걸려있다는 것일까요? 이는 장3도가 완전4도로 올라간 상태를 의미하는 것입니다. Csus4의 경우, C 코드의 미를 파에 걸었다는 의미가 됩니다.

이 파, 라는 음은 마치 중력에 의해서 아래(미)로 떨어지고 싶어하는 것처럼 들립니다. 그래서 듣는 사람은 파가 얼른 미로 떨어졌으면 하고 애가 타게 됩니다. 그래서 Csus4 이후에는 C로 진행하게 하는 것이 자연스럽습니다. 샘플 음원을 들어봅시다.

Audio 69

```
|C          |Csus4   |C        |C7        |
|F          |G7      |Csus4    |Csus4     |C          |
```

마지막 부분에서는 Csus4 코드를 두 번 사용해서 일부러 더 애를 태우게 만들었습니다. 이처럼 듣는 사람의 기분을 컨트롤할 수 있는 것이 음악의 대단한 점이라고 할 수 있습니다. 도미넌트 종지(113페이지) 때에 했던 이야기와 비슷하다고 느꼈다면 눈치가 매우 빠른 사람입니다. 파에서 미로 움직이는 것은 도미넌트 종지와 같은 원리라고 할 수 있습니다.

◆ sus4부터 시작하는 코드 진행

추가로 다음과 같이 갑자기 sus4로 시작해도 괜찮습니다.

Audio 70

```
|Csus4      |C       |Cadd9    |C         |
|Csus4      |C       |Cadd9    |C         |
|F          |F       |G7       |C         |
```

Csus4 →C→Cadd9으로 이동하면서 중앙의 음이 파(완전4도)→미(장3도)→레

(장9도)→미(장3도)로 멜로디를 갖고
아름답게 움직이는 것을 볼 수 있습
니다. 굉장히 인상적인 코드 진행이
라고 할 수 있습니다.

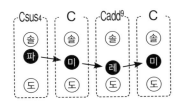

 오늘의 정리
· 파는 미가 너무너무 보고 싶어 두근거려 소리가 떨립니다(2번째).
· 일부러 애태우게 만드는 것도 하나의 테크닉입니다.

12 악마로부터 힘을 빌리기
~디미니시드 코드~

◆ 악마의 소리를 손에 넣기

그럼 이어서 **dim(디미니시드) 코드**입니다. 디미니시드(diminished)란 '줄였다'라는 의미이며, 여기에서는 감5도를 사용했다는 것을 나타냅니다. 도부터 보았을 때 감5도는 솔b입니다. 일단 도와 솔b 두 음을 동시에 들어봅시다 Audio 71.

굉장히 불안정한 소리가 납니다. 옛날 사람들은 이 음정에 악마가 살고 있다고 생각해서 '악마의 음정'이라 불렀으며, 교회에서는 이 음정의 사용을 금지했다고 합니다. 이러한 역사도 있던 음정이지만, 현대 팝에서는 굉장히 다양한 효과를 연출할 수 있게 만들어주는 코드입니다.

dim 코드의 음정 구성 ······ 루트 + 단3도 + 감5도 + 장6도

※ 감7도로 표기하는 것이 정석이겠지만,
이해하기 쉽게 장6도라고 표시했습니다.

● 예: C 디미니시드(Cdim)

Audio 72

조금 복잡한 구성입니다. Cdim은 '도·미b·솔b·라'입니다. dim의 특징은 모든 음이 균등하게 반음 3개만큼 떨어져 있다는 것입니다. 간격이 균등하기 때문에 '도·미b·솔b·라' 중에서 어떤 음을 루트로 잡아도 같은 구성음을 갖게 됩니다. '도'를 루트로 하면 'Cdim', '미b'을 루트로 하면 'Ebdim', '솔b'을 루트로 하면

'Gbdim', '라'를 루트로 하면 'Adim'이 되는데요. 이 코드들은 모두 구성음이 같은 코드입니다. 그래서 디미니시드 코드는 구성음으로 나누었을 때 Cdim, C#dim, Ddim로 3가지 종류 밖에 없습니다(Ebdim은 Cdim과 같아집니다). 간단한 토막 지식이었습니다.

◆ 소리의 움직임이 발휘하는 위력

dim 코드를 실제로 사용한 코드 진행을 들어봅시다.　　　　　**Audio 73**

| |Cdim | |C#dim | |Ddim | |E♭dim | |

반음씩 올라가면서 코드를 칩니다. 굉장히 기분이 나쁘고, 크게 긴장되는 느낌이 납니다. 하지만 dim 코드의 힘은 이것뿐만이 아닙니다. 다음 코드 진행을 들어봅시다.　　　　　**Audio 74**

| |C | |F | |G7　G#dim |Am7　C | |
| |F | |G7 | |C | | |

G7의 구성음 4개(솔·시·레·파)에서 루트만 반음 올리면 G#dim(솔#·시·레·파)가 됩니다. 이러한 흐름을 통해 가슴 떨리는 아름다운 소리를 만들어 냅니다. 불길한 소리가 이렇게 사용되니 굉장히 잘 어울립니다. 이러한 코드 진행은 '이웃집 토토로'라는 애니메이션의 주제가에서도 살펴볼 수 있습니다. 한 번 직접 음악을 들어보며 코드를 찾아보기 바랍니다.

오늘의 정리
· 반음 3개씩 더하면 dim 코드를 만들 수 있습니다.
· 악마의 힘을 사용해 아름다움에 아름다움을 더해보세요.

13 반음 차이의 신비한 코드
~어그먼티드와 식스~

◆ 두근두근한 느낌을 연출하는 aug

'레벨업 편'도 이제 마지막 내용입니다. 두 가지 종류의 코드를 빠르게 살펴보고 끝냅시다. 일단 **aug** 입니다. 이는 **어그먼티드(augmented)**의 약어로 '증가했다'라는 의미입니다. 증5도의 음을 사용합니다.

aug 코드의 음정 구성……루트, 장3도, 증5도

● 예: C 어그먼티트(Caug)

Audio 75

메이저 코드의 완전5도를 반음 올린 것이라고 기억하면 쉽습니다. 코드를 단독으로 들으면 굉장히 이상한 소리가 납니다. 앞 뒤에 적절하게 코드를 넣어 연결하면 특수한 분위기가 연출됩니다. 샘플 음원을 들어봅시다.

Audio 76

| |C | |Caug | |F | |G | | |
| |C | |Caug | |F | |G | |C | |

솔(C의 완전5도)→솔#(C의 증5도) →라(F의 장3도)로 반음씩 연결되는 자연스러운 흐름이 포인트입니다. aug의 소리가 들어가면 "지금부터 뭔가 일어날 것만 같아"라는 두근두근한 느낌이 듭니다.

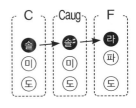

◆ 6th는 신비하지만 명랑한 느낌

이어서 6h(식스) 입니다. 메이저 코드 또는 마이너 코드에 장6도를 추가해서 만드는 코드입니다. aug의 증5도를 또 반음 하나 올리면 됩니다.

6th 코드의 음정 구성······루트 + 장3도 + 완전5도 + 장6도

※완전5도는 생략해도 괜찮습니다.

● 예: C 식스(C6)

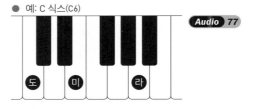

Audio 77

6th 코드를 사용한 코드 진행을 들어봅시다.

Audio 78

| |C |Caug |C6 |C7 | |
| |FM7 |G7 |CM7 | | |

C6의 라를 반음 올려 시b로 변경하면 C7가 됩니다. 샘플의 앞 4마디의 코드

흐름을 보면 솔→솔#→라→시b이라는 반음씩 올라가는 화려하고 예쁜 라인이 만들어집니다. 6th는 신비하면서도 명랑한 느낌을 주므로, 전체적으로 밝고 즐거운 느낌이 납니다.

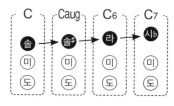

· C→Caug→C6→C7은 반음씩 올리면 만들어지는 코드 진행입니다.

· 코드는 하나만 딱 기억하기보다, 흐름을 기억하는 것이 좋습니다.

칼럼
4

"완성!이라고 외치기"

모두 곡을 잘 만들고 있나요? "곡을 만들고는 있는데, 완성이 잘 안 된다"라고 하는 사람도 많을 것입니다.

"무료 소프트웨어로는 제대로 된 소리가 안 나니까 완성을 못 할 것이다"라고 생각하며, 업계에 이미 종사하는 사람들의 곡과 비교하면 평생 곡이 완성되지 않을 것입니다. 중요한 것은 현재의 실력에서 "완성!"이라고 외치며, 곡을 완성하는 것입니다. 30초의 곡이라고 좋습니다. "완성!" 더 좋게 수정을 할 수 있을 것도 같지만, "완성!". 대충 만들고 완성이라고 외치라는 것은 아닙니다. "여기에서 끝!"이라고 외칠 수 있는 것은 일종의 재능이라고 생각합니다.

현재 실력으로 최선을 다해 작업했다면 거기에서 몇 시간 몇 일을 붙잡고 있어도, 그렇게 갑자기 멋진 곡이 탄생하지는 않습니다. 오히려 일단 끝을 내고, 다른 코드 진행을 써보거나, 다른 템포의 곡을 만들어보는 것이 더 다양한 발견을 가져오고, 빠르게 성장할 수 있습니다.

물론 이렇게 말하면서도, 이 책을 조금이라도 더 수정하려고 끝까지 손에서 내려 두지 못하고 있네요. "데드라인"은 완성이라고 외치기 위한 최종 수단입니다. 스스로 마감 시간을 어느 정도 잡아보고, 만들어 보는 것도 좋은 연습 방법입니다.

실전활용편
샘플 음악
10선

마음에 드는 것을 모방해보는 것은 창작의 기본이라고 할 수 있습니다. 이번 장에서는 필자가 만든 몇 가지 곡 중에 다양한 곳에 활용할 수 있는 곡들을 소개하겠습니다. 책과 함께 제공되는 예제에는 10개의 샘플 음원과 함께 Studio One 5 Prime, Cubase, GarageBand 형식의 파일이 들어 있습니다. 파일을 열고 곡을 확인해보기 바랍니다. 참고로 유료 음원도 사용하고 있습니다.

이전에 언급했던 것처럼 소리의 화려함은 돈을 쓰면 얻을 수 있습니다. 일단 현재 단계에서는 "작곡을 어느 정도 하면 이후에 이런 것도 만들 수 있구나"라고만 생각해주세요.

별이 반짝이는 느낌의 팝

Key＝C

Audio 79 **File** 03

FM7	G7	Em7	Am7	
IVM7	V7	IIIm7	VIm7	
Dm7	Em7	FM7	G7	
IIm7	IIIm7	IVM7	V7	
FM7	G7	G#dim	Am7	
Dm7	Em7	FM7	G7	

◆ 정석적인 코드 진행 위에 dim이라는 조미료를

친숙한 IV-V-IIIm-Vim 진행이 다시 등장했습니다. '코러스의 왕'이라고 부를 수 있는 코드 진행입니다. 이어서 곡의 느낌을 유지하면서, IIm-IIIm-IV-V가 전개됩니다. 모두 세븐스 코드를 사용했기 때문에 철없이 밝은 느낌이 아니라, 아름다움과 약간의 애절함이 담긴 느낌도 담겨 있습니다. 위 아래로 톡톡 튀는 느낌의 소리와 실로폰 등의 소리를 넣어서, 곡 전체에 반짝이는 느낌을 냈습니다.

전반부의 8마디와 후반부의 8마디는 단순하게 보면 반복처럼 보일 수 있지만, G#dim이 들어간 것을 볼 수 있습니다. 이 코드가 이번 곡의 포인트라고 할 수 있습니다. 바로 앞에 있는 G7의 반음을 올려주면 자연스럽게 G#dim 형태가 나오며, 반음 상승 때 멋진 느낌이 연출됩니다. 멋

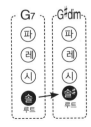

진 느낌이라도 너무 많이 사용하면 효과가 떨어지므로, 필요하다고 생각되는 부분에 활용해보면 좋을 것입니다.

샘플에서는 이후 전반부의 8마디를 한 번 더 반복하고 있습니다.

촉촉한 피아노 발라드

Key = C

Audio 80   File 04

	Am7		FM7		G		C	
	Am7		FM7		G		C	
	Am7		FM7		G		C	
	FM7		G		C			

◆ 혼자서도 여러 역할을 할 수 있는 우수한 악기: 피아노

촉촉한 느낌의 발라드라면 피아노가 메인이라 할 수 있습니다. 피아노는 악기의 왕이라고 불리며, 다른 악기와 다르게 혼자서도 여러 역할을 할 수 있다는 것이 특징입니다. 피아노는 왼손으로 베이스, 오른손으로 코드와 멜로디의 역할을 동시에 할 수 있습니다.

피아노의 음색만으로 곡을 표현할 때는 코드도 멜로디의 일부가 된다는 것에 주의해주세요. 코드 맨 위에 있는 소리가 멜로디 라인으로 인식됩니다. 예를 들어 C를 도·미·솔로 치면 '솔', 미·솔·도로 치면 '도'가 멜로디의 역할을 갖게 됩니다.

그래서 실제 피아노 연주에서 왼손은 실제 베이스처럼 일반적으로 화음을 울리지 않습니다. 그래서 왼손 파트에 해당하는 부분은 화음이 아니라 분산해서 연주하는 경우가 많습니다. 예를 들어서 C의 경우, 한 박씩 '도→미→솔'처럼 친다고 생각하면 됩니다.

SONG 3 — 밝고 명랑한 팝

Key = E

Audio 81   File 05

E I	B V	C#m VIm	G#m IIIm
A IV	E I	A IV	B V
C#m VIm	G#m IIIm	A IV	E I
C#m VIm	G#m IIIm	A B IV V	E I

◆ 초보자라도 쉽게 사용할 수 있는 캐논 코드 진행

　전반부에서 사용되는 8마디의 코드 진행은 '캐논 코드'라고 부르는 유명한 진행입니다. '파헬벨의 캐논'에서 사용되는 코드 진행이라, 여기에서 이름을 따온 것입니다. C 메이저의 경우 C-G-Am-Em-F-C-F-G라는 진행이며, 계속해서 반복할 수 있고, 굉장히 밝고 명령한 느낌의 진행이라 초보자가 사용하기에 굉장히 안성 맞춤인 진행이라 할 수 있습니다. 현재 곡에서는 이를 E 메이저 스케일에서 사용하고 있습니다.

　C 메이저 스케일에만 익숙하다면 C#m와 G#m와 같은 코드가 갑자기 나와서 당황할 수 있는데요. 당연한 일입니다. 차근차근 익숙해져봅시다. 각 키의 스케일에서 사용할 수 있는 코드는 이 책의 부록 '각 키의 코드 정리 표'에 있으므로 다른 키를 다룰 때 한 번 살펴보기 바랍니다.

잔잔한 호수 같은 환상곡

Key=F

Audio 82   File 06

|B♭M7	|B♭M7	|Am7	|Am7		
IVM7	IVM7	IIIm7	IIIm7	
|B♭M7	|B♭M7	|Am7	|Am7	|(반복)
IVM7	IVM7	IIIm7	IIIm7	

◆ 단2개의 코드로 만드는 환상적인 세계

IV도와 III도를 반복하는 진행입니다. C 메이저로 바꾸면 Fm7-Em입니다. 마치 잔잔하게 일렁이는 물결처럼 편안한 느낌의 환상곡 곡조와 잘 맞습니다. 음색적으로 뒤에서 '웅~'하는 느낌의 신디사이저 소리를 사용하고 있습니다.

샘플 곡의 템포는 100이지만, 드럼을 하프 템포로 느리게 치기 때문에 체감상으로는 템포 50 정도로 느껴질 것입니다.

만약 이런 곡에서 드럼을 8비트로 연주한다면 귀에도 거슬리고 호수의 잔잔함이 깨지는 느낌이 날 것입니다. 리듬에 약간의 여백을 남겨두는 것도 잔잔한 음악을 만들 때의 포인트라고 할 수 있습니다.

Key=Cm

Audio 83 **File** 07

	Cm		Cm E♭		Cm		Cm E♭	
	Cm		Cm E♭		Cm		Cm Gm	
	A♭		B♭		Cm		Cm	
	A♭		B♭		Cm		Cm	

◆ 질주하는 느낌과 마이너 스케일의 무거운 분위기

전투 테마의 음악은 게임 음악의 꽃이라고 말할 수 있는 중요한 것입니다. 이러한 곡은 질주하는 느낌이 굉장히 중요합니다. 이러한 분위기에 맞는 코드 진행입니다. 빠른 템포를 갖고 있는 것은 물론이고, 베이스가 반 박자 빠르게 울리며 빠른 느낌을 더욱 더해줍니다. 실제로 들어보면 베이스가 리듬을 먹고 들어간다는 느낌을 받을 수 있을 것입니다. 이와 같은 형태로 속도감을 크게 부여할 수 있습니다.

이 곡은 이 책에서 처음 나오는 **마이너 스케일**(단음계)로 만들어진 곡입니다. 마이너 스케일은 **온반온온반온온**이라는 음정 배열로 만들어지는 스케일입니다. C 마이너 스케일의 경우, '도 레

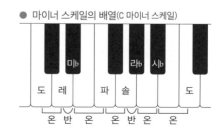

● 마이너 스케일의 배열(C 마이너 스케일)

미b 파 솔 라b 시b'가 됩니다.

마이너 스케일에서 중요한 것은 단3도의 음이라고 할 수 있습니다. 현재 스케일에서는 미b입니다. 이 음이 가장 어둡고, 가장 슬픈 느낌을 주게 됩니다. 현재 곡의 멜로디도 미b부터 시작하기 때문에, 시작부터 굉장히 어두운 분위기를 줍니다.

◆ 메이저 스케일을 알면 마이너 스케일을 알 수 있다

메이저 스케일의 '온온반온온온온반'과 마이너 스케일의 '온반온온반온온'을 기억하는 것이 약간 힘들게 느껴질 수 있습니다. 하지만 메이저 스케일만 알면 마이너 스케일은 쉽게 찾을 수 있습니다. 다음 그림을 살펴봅시다. 메이저 스케일을 놓고 '온온반온온온온반'의 6번째 음을 출발점으로 잡고 다시 차례차례 세어보면 '온반온온반온온'이 나오는 것을 알 수 있습니다.

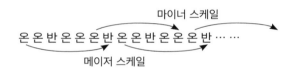

'온온반온온온반(온온반온온온반……)'이라는 음정 관계는 지금까지 계속 살펴본 내용입니다. 이와 같은 스케일을 **'다이어토닉 스케일'**이라고 부릅니다. 메이저 스케일과 마이너 스케일 모두 같은 다이어토닉 스케일에 포함됩니다. 따라서 C 메이저 스케일의 6번째 음인 '라'를 출발점으로 '라시도레미파솔라'를 피아노로 연주하면 A 마이너 스케일을 쉽게 찾을 수 있습니다.

참고로 A 마이너 스케일의 주요 3화음은 토닉=Am, 서브 도미넌트=Dm, 도미넌트=Em가 됩니다.

SONG 6 부드러운 흐름 진행

Key = C

Audio 84　**File** 08

| Cadd⁹ | F | Fm | Cadd⁹ | |
| Cadd⁹ | F | Fm | Cadd⁹ | |

◆ 메이저 스케일에 없는 코드를 마이너 스케일에서 빌려오기

C 메이저 스케일에서 Fm 코드는 **서브 도미넌트 마이너**라고 부릅니다. 서브 도미넌트인 F를 본래의 메이저로 사용하는 것이 아니라, 마이너로 사용하기 때문에 붙은 이름입니다. Fm의 구성음인 '파·라♭·도'의 라♭은 C 메이저 스케일에 없는 음이라, 순간 "어라?"라는 생각이 들게 됩니다.

F→Fm→C라는 코드 진행에는 "서브 도미넌트 마이너 종지"라는 이름이 붙어 있습니다. 라→라♭→솔처럼 반음씩 낮아지면서 우아하게 끝나는 느낌을 줍니다.

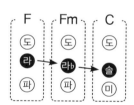

F→G7→라면 "감동적인 엔딩이야! 축하해!"같은 적극적인 종료의 느낌이 연출되지만, F→Fm→C는 서서히 잠드는 느낌의 부드러운 종지감을 줍니다. 멜로디로 플룻과 같은 부드러운 악기를 사용하면 온화한 느낌이 배가 될 것입니다.

밝고 어린 느낌의 진행

Key = C

Audio 85   **File** 09

C	Caug	C6	C7	
FM7	Em7	Dm7	G7	
C	Caug	C6	C7	
FM7　G7	Em7　Am7	Dm7　G7	Cadd9	

◆ **aug 코드의 신비롭고 두근두근한 느낌과 6th의 밝고 명랑한 느낌 합치기**

두근두근 들뜬 느낌을 표현할 때는 '레벨업편 13'(125페이지)에서 살펴보았던 aug 코드와 6th 코드를 사용하면 좋습니다.

C→Caug→C→C7을 연주하면 구성음 솔→솔#→라→시b이 아름답게 반음씩 상승합니다(126페이지 그림 참고). 멜로디에도 이러한 반음을 사용해보았습니다. 메이저 스케일에는 없는 반음이 높고, 낮은음들이 등장한다는 게 포인트라고 할 수 있습니다.

전반부와 후반부의 전개 차이도 살펴봅시다. 후반부의 2번째 줄을 살펴보면 1마디에 코드가 2개씩 들어 있습니다. 후반부가 조금 더 꽉 차고 힘찬 느낌이 듭니다. 멜로디도 이와 함께 힘차게 변화하며 조금 더 세분화됩니다. 이처럼 변화를 주고 싶은 때는 코드의 수를 변경하는 방법도 있습니다. 코드는 브라스 사운드(트럼본 또는 트럼펫 등의 악기)를 사용해서 힘찬 느낌을 더 강조했습니다.

도시적인 느낌의 멋진 소리

Key=E♭m

Audio 86 File 10

E♭m7	G♭M7	A♭m7	B♭m7	
Im7	IIIbM7	IVm7	Vm7	
E♭m7	G♭M7	A♭m7	B♭m7	(반복)
Im7	IIIbM7	IVm7	Vm7	

◆ 도시적인 느낌을 간단하게 만들어내는 만능 스케일

이번 곡에서는 **마이너 펜타토닉 스케일**이라는 것에 대해 살펴봅니다.

펜타토닉이란 '5개'라는 의미입니다. 마이너 펜타토닉 스케일은 5개의 음으로만 구성되는 스케일로 C부터 시작하는 경우, '도·미♭·파·솔·시♭'이 됩니다. 일반적인 C 마이너 스케일은 '도·레·미♭·파·솔·라♭·시♭'으로 7개의 음으로 구성되지만, 마이너 펜타토닉 스케일은 여기에서 음을 2개 빼서, 5개의 음만 사용합니다.

이 5개의 소리만 사용하면 굉장히 날카로운 느낌의 멜로디가 만들어집니다. 현재 샘플 곡은 Ebm 키로 만들어 졌는데요. 재미있게도 피아노로 Eb 마이너 펜타토닉을 연주할 경우, 검은 건반만 연주하면 됩니다(검은 건반은 딱 5개 밖에 없습니다). 피아노를 잘 연주하지 못하는 사람도 적당하게 검은 건반만 연주하면 샘플 곡과 같은 Eb 마이너 펜타토닉 스케일의 멜로디를 연주할 수 있습니다.

SONG 9 정서적인 동양풍의 곡

Key = C

Audio 87   File 11

|FM7 G |Am7 Em7 |FM7 G |Am7 Em7 |

|FM7 G |Am7 Em7 |FM7 Em7 |Dm7 C |

◆ 펜타토닉 스케일을 사용한 동양풍의 멜로디

이 곡에서는 **메이저 펜타토닉 스케일**을 사용합니다. 이전에 등장했던 메이저 펜타토닉 스케일의 메이저 버전입니다. 이 곡에서 사용하는 C 메이저 펜타토닉 스케일은 C 메이저 스케일에서 파와 시 음을 제외한 스케일입니다. 따라서 '도·레·미·솔·라'라는 5개의 음만 사용합니다.

멜로디는 5개의 음을 사용하지만, 코드로는 IV도와 VII도를 사용해도 괜찮습니다. IV도 코드인 서브 도미넌트로 시작하는 메이저 펜타토닉 스케일의 곡은 굉장히 동양적인 분위기를 연출해줍니다. 추가적 동양적인 분위기를 가장 크게 낼 수 있는 방법은 동양의 악기를 사용하는 것입니다. 우리 나라(한국)에서 많이 사용되는 가야금, 거문고, 해금 이외에도 중국과 일본의 악기 등도 활용해보면 더 다양한 표현을 할 수 있을 것입니다.

전조 코드 진행

(Key = C)

1

C		F		C		F	
I		IV		I		IV	

(Key = A)

A		D		A		D	Dm	
I		IV		I		IV	IVm	

2

(Key = F)

3

B♭		C		F		Dm		(× 2)
IV		V		I		VIm		

(Key = F♯)

B		C♯		F♯		D♯m(F♯)		(× 2)
IV		V		I		VIm(I)		

◆ 곡을 한 번에 변화시키는 기술

　전조란 중간에 키를 변경해서 분위기를 한 번에 변경하는 것입니다(눈치 못
채게 키를 변경하는 전조도 있습니다). 작곡의 필살기라고 할 수 있으며 초보자가
언제인가 한 번 사용해보고 싶은 기술 랭킹 1위에 당당하게 이름을 올리고 있
습니다(아마도). 전조와 관련된 테크닉은 굉장히 많은데요. 많이 사용되는 3가
지 테크닉만 살펴보도록 하겠습니다.

1

　첫 번째는 코드 진행의 형태를 그대로 유지한 채 키를 변경하는 것입니
다. 현재 샘플에서 C 메이저의 C→F→C→F에 해당하는 I→IV→I→IV

를 그대로 A 메이저로 변경해서 A→D→A→D로 크게 전조하고 있습니다.

2 이어서 코드의 메이저와 마이너를 변경하는 방법입니다. 메이저 코드와 마이너 코드를 결정짓는 소리는 장3도와 단3도입니다. 딱 하나의 음만 변화시켜서 원래 메이저를 연주해야 하는 부분에서 마이너를 연주하거나, 마이너를 연주해야 하는 부분에서 메이저를 연주하면 "뭔가 이상한데? 뭔가 바뀌는 것 같은데?"라는 느낌을 줄 수 있습니다. 그리고 이러한 부분이 바로 전조로 이어지는 관문이라고 할 수 있습니다.

3 마지막으로 가장 친숙한 전조입니다. 3번째 줄에서 4번째 줄로 진행될 때인데요. "코러스에서 1개 만큼 키를 올린다"라는 굉장히 고전적인 방법입니다. 가요에서 굉장히 많이 사용되는 전조입니다. 마지막 순간 전체를 들어 올리며 절정감을 부여해주는 기술입니다.

◆ 전조를 너무 많이 하는 것은 좋지 않아요

이번 곡은 전조 패턴을 보여 드리기 위해 만든 예제입니다. 짧은 시간 동안 무리하게 전조를 너무 많이 하는 것은 좋지 않습니다. 전조를 하면 좋아 보인다고 전조를 너무 많이 사용하려는 경우가 있는데요. 전조를 하지 않는 것이 곡에 가장 맞는 표현이라면 그것이 정답이라는 것을 잊지 말기 바랍니다.

작곡
소프트웨어와
친해지기

macOS 편

'GarageBand'는 macOS에 기본적으로 설치되어 있는 음악 소프트웨어입니다. 풍부한 음원을 사용할 수 있어서 제대로 된 음악 제작도 할 수 있으며 초보자에게는 충분해서 넘칠 정도의 기능을 갖고 있습니다. 이 책에서는 기본적인 조작 방법만 살펴보도록 하겠습니다. 일단 악기를 선택하고, 음표를 배치하는 방법부터 알아보도록 합시다.

'GarageBand'로
소리 내보기

"GarageBand" 실행하기

◈ "GarageBand" 실행

곧바로 소프트웨어를 실행해보겠습니다. 'GarageBand'는 컴퓨터 내부의
[Machintosh HD]→[애플리케이션] 폴더 안에 들어 있습니다.

◈ 프로젝트 만들기

1 실행 화면에서 [새로운 프로젝트] →[빈 프로젝트]를 선택합니다.

2 다음과 같은 화면이 나오면 [소프트웨어 가상 악기]를 선택하고, [생성]을 클릭합니다.

3 메인 화면이 나옵니다. 테스트 삼아서 피아노 소리를 내보도록 합시다. GarageBand에는 '가상 피아노'라는 기능이 있습니다. 이는 컴퓨터의 키보드를 피아노 건반처럼 사용해서 피아노를 연주할 수 있게 해주는 재미있는 도구입니다.

키보드의 [A], [S], [D]를 누르면 '도레미~'하고 소리가 납니다. 지정한 악기의 음색을 확인할 때 편리하게 사용할 수 있는 기능입니다.

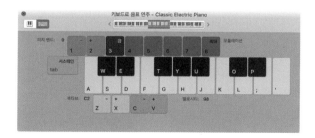

다만 우리는 이 기능을 활용하지는 않을 것이므로, 일단 화면 왼쪽 위에 있는 [x] 마크를 클릭해서 화면을 닫습니다.

음표 입력하기

◆ 리전 생성하기

그럼 차근차근 음표를 입력해봅시다. 'GarageBand'에서는 음표를 입력하기 전에 리전이라는 것을 만들어야 합니다. 리전은 음표를 넣기 위한 상자라 생각하면 됩니다.

1 다음 그림과 같이 커서를 눈금이 있는 부분으로 옮기고, 키보드의 [Command(⌘)] 키를 눌러봅시다. 화살표 커서 모양이 펜 모양으로 바뀔 것입니다([Command(⌘)] 키를 떼면 돌아옵니다).

● [Command(⌘)] 키를 누르면 펜 모양으로 변경됩니다.

2 이러한 펜 상태에서 '1'이라는 눈금이 있는 부분의 칸을 클릭해봅시다. 클릭하면 다음과 같이 리전이 생성됩니다.

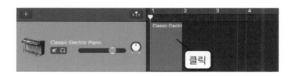

3 리전 내부로 들어갑시다. [Command(⌘)] 키를 떼고(화살표 커서 상태에서) 리전을 더블클릭하면 피아노 건반이 세로로 왼쪽에 출력되는 화면이 나옵니다(다음으로 이어지는 '음표 입력하기'의 1번 그림을 참고해주세요). 이 건반에 대응하는 칸에 음표를 하나하나 배치하면서 음악을 만들어 나가는 것입니다.

◆ 음표 입력하기

1 그럼 음표를 입력해봅시다. 'GarageBand'에서는 음표를 '노트'(Note = 영어로 '음표'라는 의미입니다)라고 부릅니다. 하지만 이 책에서는 그냥 간단

하게 '음표'라고 부르도록 하겠습니다. 이전과 마찬가지로 [Command(⌘)] 키를 누르면 커서가 펜으로 변경됩니다. 이 상태에서 적당한 위치를 클릭하면 음표가 배치됩니다.

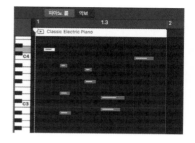

2 키보드의 [Space] 키를 누르면 입력한 음표가 재생되므로 들어봅시다. 한 번 더 [Space] 키를 누르면 연주가 중지됩니다. 재생 시작 위치는 [Enter] 키를 눌러 가장 앞으로 돌아가게 할 수 있습니다.

◆ 음표 제거하기

입력한 음표를 들어보았나요? 사실 멜로디라고 말하기도 힘든 멜로디였을 것입니다. 음표를 적당히 늘어 놓는 것으로는 음악이 만들어지지 않습니다. 이

음표는 지우도록 합시다. 다음 그림과 같이 마우스 커서를 드래그해서 음표들을 선택합니다. 선택된 음표는 색상이 약간 변경됩니다. 이 상태에서 키보드의 [delete] 키를 누르면 음표가 제거됩니다.

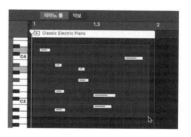

◆ 음표의 길이 변경하기

음표의 길이를 변경해야 하는 상황도 많으므로, 음표의 길이를 변경하는 방법도 살펴보도록 합시다. 음표의 오른쪽 끝에 마우스 커서를 올리면 커서가 화살표 모양으로 변합니다. 이 상태에서 마우스를 누르며 드래그하면 음표의 길이가 변경됩니다. 왼쪽으로 드래그 하면 짧아지고, 오른쪽으로 드래그 하면 길어집니다.

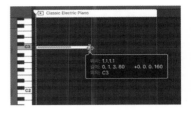

◆ 음표 이동하기

음표에 커서를 놓고 드래그 앤 드롭하면 원하는 위치로 이동시킬 수 있습니다. 추가로 여러 개의 음표를 선택한 상태에서 한 음표를 드래그 앤 드롭하면 여러 개의 음표가 한꺼번에 이동합니다.

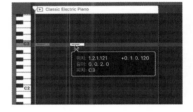

◆ 음표 복사하기

일단 키보드의 [option] 키를 누릅니다. 누른 상태로 커서를 드래그해서 음표를 이동시키면 [+]라는 마크가 나옵니다. 그대로 원하는 위치에 드래그 앤 드롭하면 음표가 복사됩니다.

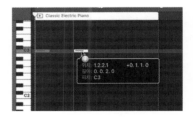

다양한 악기 사용하기

◆ 악기 추가하기

1 메뉴바에서 [트랙]→[새로운 트랙]을 선택하거나, 다음 그림과 같이 편집 패널 위의 [+] 버튼을 누릅니다. 트랙은 '악기를 담은 상자'라고 생각해주세요.

● 메뉴바를 사용해서 트랙 추가하기

● 버튼을 사용해서 트랙 추가하기

2 145페이지의 ❷ 에서 나왔던 화면이 다시 나옵니다. [소프트웨어 악기]를 선택한 상태에서 [생성]을 클릭하면 트랙이 추가됩니다. '소프트웨어 악기'란 프로그램으로 구현한 악기 소리입니다.

3 같은 작업을 반복해서 악기를 4개 추가합니다. 각각을 드럼, 베이스, 피아노, 멜로디를 위한 상자(트랙)으로 만들 것입니다.

◆ 악기 변경하기

이어서 악기를 설정합니다. 드럼 소리를 내려면 드럼을 찾아서 설정해야 합니다. '보관함'이라고 부르는 목록에서 악기를 선택하면 됩니다.

1 현재는 [Vintage Electric Piano]라는 카테고리의 [Classic Electric Piano]라는 악기가 선택되어 있습니다. 악기를 드럼으로 변경할 때는 [Drum Kit]→[SoCal]을 선택해주세요. 선택하면 드럼을 사용할 수 있게 됩니다.

2 마찬가지로 남은 3개도 악기를 변경합니다.

- 베이스   [Bass]→[Fingerstyle Bass]
- 피아노   [Piano]→[Steinway Grand Piano]
- 멜로디 파트 [Synthesizer]→[Lead] →[Analog Mono Lead]

이렇게 4개의 파트를 준비했다면 본문을 읽을 준비 완료입니다. 만약 같은 이름의 음원이 없다 면 비슷한 이름의 다른 음원을 선택해도 괜찮습 니다.

이 이외의 조작

지금까지의 내용은 곡을 만들 때 굉장히 자주 사용하는 조작이었습니다. 이 어지는 내용은 책을 진행할 때는 크게 필요 없지만, 알아 두면 좋은 기능입니다.

◆ 리전 조작

'GarageBand'는 리전 내부에 음표를 넣습니다. 이 리전이라는 상자도 이동하 고 복사할 수 있습니다. 또한 음표를 더 넣고 싶은데 리전이 작아서 음표를 못 넣는 경우가 있을 수도 있습니다. 이러한 때는 리전의 길이를 늘려야 합니다.

● 이동, 복사, 길이 변경

리전도 음표와 마찬가지로 이동, 복사, 길이 변경을 할 수 있습니다. 리전 오른쪽 아래에 커서를 가져가면 커서의 모양이 변합니다. 이 상태에서 마우스를 누르고 좌우로 드래그 하면 리전의 크기가 변합니다.

● 리전 루프(반복)

리전에는 **루프**라는 특별한 기능이 있습니다. 이전 오른쪽 위에 커서를 놓으면 반복 마크로 커서가 변합니다. 이를 드래그하면 이전의 리전과 완전히 똑같은 내용이 반복 복사됩니다. 일반적인 복사와 다르게 기존의 내용을 변경하면 복사된 부분의 내용도 함께 변합니다.

● 메트로놈 켜고 끄기

곡을 재생했을 때 메트로놈 소리가 나는 경우가 있습니다. 메트로놈은 필요에 따라서 사용하면 됩니다. 화면 위에 있는 메트로놈 모양의 버튼을 클릭해서 메트로놈을 켜고 끌 수 있습니다.

지금까지 수고하셨습니다. 소리를 내는 조작을 할 수 있다면 본격적으로 음악을 만들어 볼 수 있습니다. 지금부터 필요한 것은 작곡 지식입니다. 소프트웨어에서 나오는 소리가 어떻게 하나의 곡이 되는지 차근차근 살펴보도록 합시다. 입문편의 1일째(34페이지)부터 차근차근 작곡 생활을 시작해봅시다.

오늘의 정리

· 펜 기능을 사용할 때는 [Command(⌘)] 키를 사용합니다.
· 리전이라는 상자 안에 음표를 넣는 형태로 사용합니다.
· 음표 입력, 이동, 복사 등의 조작은 꼭 기억해주세요.

[부록] 각 키의 코드 정리 표

● 메이저 키의 코드

Key	I	IIm	IIIm	IV	V	VIm	VIIm$^{(\flat 5)}$
C	C	Dm	Em	F	G	Am	Bm$^{(\flat 5)}$
D$\flat$ (C#)	D$\flat$	E$\flat$m	Fm	G$\flat$	A$\flat$	B$\flat$m	Cm$^{(\flat 5)}$
D	D	Em	F#m	G	A	Bm	C#m$^{(\flat 5)}$
E$\flat$ (D#)	E$\flat$	Fm	Gm	A$\flat$	B$\flat$	Cm	Dm$^{(\flat 5)}$
E	E	F#m	G#m	A	B	C#m	D#m$^{(\flat 5)}$
F	F	Gm	Am	B$\flat$	C	Dm	Em$^{(\flat 5)}$
G$\flat$ (F#)	G$\flat$	A$\flat$m	B$\flat$m	B	D$\flat$	E$\flat$m	Fm$^{(\flat 5)}$
G	G	Am	Bm	C	D	Em	F#m$^{(\flat 5)}$
A$\flat$ (G#)	A$\flat$	B$\flat$m	Cm	D$\flat$	E$\flat$	Fm	Gm$^{(\flat 5)}$
A	A	Bm	C#m	D	E	F#m	G#m$^{(\flat 5)}$
B$\flat$ (A#)	B$\flat$	Cm	Dm	E$\flat$	F	Gm	Am$^{(\flat 5)}$
B	B	C#m	D#m	E	F#	G#m	A#m$^{(\flat 5)}$

● 표 사용 방법과 포인트

C 키 이외의 키로 곡을 만들 때 도움이 많이 되는 표입니다. 다음과 같은 흐름으로
활용해보세요.

① 일단 C 키로 마음에 드는 코드 진행을 찾고, I→IV→V처럼 디그리 네임을 확인합니다.
② 변경하고 싶은 키의 디그리 네임에 대응되는 코드를 찾아서 사용합니다.

● 마이너 키의 코드

Key	Im	IIm($^\flat$5)	$^\flat$III	IVm	Vm	$^\flat$VI	$^\flat$VII
Am	Am	Bm($^\flat$5)	C	Dm	Em	F	G
B$^\flat$m (A$^\sharp$m)	B$^\flat$m	Cm($^\flat$5)	D$^\flat$	E$^\flat$m	Fm	G$^\flat$	A$^\flat$
Bm	Bm	C$^\sharp$m($^\flat$5)	D	Em	F$^\sharp$m	G	A
Cm	Cm	Dm($^\flat$5)	E$^\flat$	Fm	Gm	A$^\flat$	B$^\flat$
C$^\sharp$m (D$^\flat$m)	C$^\sharp$m	D$^\sharp$m($^\flat$5)	E	F$^\sharp$m	G$^\sharp$m	A	B
Dm	Dm	Em($^\flat$5)	F	Gm	Am	B$^\flat$	C
E$^\flat$m (D$^\sharp$m)	E$^\flat$m	Fm($^\flat$5)	G$^\flat$	A$^\flat$m	B$^\flat$m	B	D$^\flat$
Em	Em	F$^\sharp$m($^\flat$5)	G	Am	Bm	C	D
Fm	Fm	Gm($^\flat$5)	A$^\flat$	B$^\flat$m	Cm	D$^\flat$	E$^\flat$
F$^\sharp$m (G$^\flat$m)	F$^\sharp$m	G$^\sharp$m($^\flat$5)	A	Bm	C$^\sharp$m	D	E
Gm	Gm	Am($^\flat$5)	B$^\flat$	Cm	Dm	E$^\flat$	F
G$^\sharp$m (A$^\flat$m)	G$^\sharp$m	A$^\sharp$m($^\flat$5)	B	C$^\sharp$m	D$^\sharp$m	E	F$^\sharp$

마지막으로 독창성이란?

지금까지 책의 내용이 어땠나요? 이 책을 계기로 작곡을 시작하고, 차근차근 작곡을 즐길 수 있게 된다면 정말 좋겠습니다.

이 책은 작곡 이론 전문서도 아니고 방대한 작곡 지식을 정리한 책도 아닙니다. 대신 딱딱한 이론으로 작곡을 해보려는 사람을 곧바로 좌절시킬 정도의 내용을 최소한으로 해서 차근차근 진행하며 작곡이 어떤 것인지 알려주고 싶다는 생각으로 집필했습니다.

이러한 생각을 이해해주시고, 책으로 낼 수 있게 해주신 '히토마샤' 출판사의 스고우 사요님, 야마하 뮤직 미디어의 카타야마 준님께 다시 한 번 감사의 말씀드립니다.

마지막으로 작곡을 계속 하다 보면 직면하게 되는 독창성과 개성에 대한 이야기를 조금 더 하고 끝을 맺겠습니다.

곡을 만드는 것은 재미있고 내가 직접 만든 곡은 세상에 하나 밖에 없는 곡입니다. 하지만 앞으로 몇 년 더 계속해서 만들다 보면 "내 개성이란 무엇일까?", "나 다운 곡은 무엇일까?"라는 고민을 하게 될 것입니다. 굉장히 당연한 일입니다. 예술과 스포츠는 누군가를 따라하면서 차근차근 발전하는 것입니다. 야구와 골프를 할 때도 처음부터 "나는 내가 원하는 대로 이렇게 할거야"라고는 절대 하지 않습니다. 이는 오히려 나쁜 버릇이 생기는 안 좋은 방법입니다. 이상적인 자세를 차근차근 흉내내는 것이 당연한 것입니다.

좋다고 생각한 곡의 코드 진행을 조사해보고 사용해보는 것, 드럼 프레이즈를 따라 만들어 보는 것, 좋아하는 아티스트의 곡을 떠올리며 만들어 본다는 것은 당연한 것입니다. 더 나아가면 작곡을 함께 할 수 있는 동료를 만날 수도 있을 것입니다. '공부'라고 생각하면 조금 딱딱하니까, 좋은 것을 많이 접하고, 영양분을 섭취한다는 느낌으로 생각해주세요. 작곡하는 사람은 소설, 만화, 영화, 여행, 연애 등 모든 것이 영양이 됩니다. 영양을 많이 섭취하고, 태양 빛을 받으며, 차근차근 싹이 나오기를 기다립시다.

단순하게 보면 흩어진 점(개별적인 작품)도 점이 점점 모여서 굵은 선이 될 날이 있을 것입니다. 이 굵은 선이 바로 개성이 될 것입니다. 시간도 많이 걸리고, 여러 곡을 만들어야 하는 힘든 과정입니다. 만약 1년 후, 아니 먼 미래에 창작하다가 막히는 일이 생긴다면 이를 떠올려주세요.

그럼 지금까지 감사했습니다. 어딘 가에서 만날 일이 있다면 부담 없이 말을 걸어주세요.

2016년 2월
monaca:factory(10日P)

Without music, life would be a mistake.

음악이 없다면 인생은 잘못된 것이다.

Friedrich Nietzsche | 프레드리히 니체

When griping grief the heart doth wound,
and doleful dumps the mind opresses, then music, with
her silver sound, with speedy help doth lend redress.

고통스러운 슬픔으로 가슴에 상처를 입고
슬픔에 마음이 혼란스러울 때, 음악은 은빛 화음으로
빠르게 치유의 손길을 내민다.

William Shakespeare | 윌리엄 셰익스피어

Music is a discipline, and a mistress
of order and good manners, she makes the people
milder and gentler, more moral and more reasonable.

음악은 훈련이다. 질서와 예절을 가르치는 선생이다.
음악은 사람들을 더 온화하고 선량하고 도덕적이며
합리적으로 만든다.

Martin Luther | 마틴 루터

Music is the only language in which
you cannot say a mean or sarcastic thing.

음악은 독설이나 비꼬는 말을 할 수 없는
유일한 언어이다.

John Erskine | 존 어스킨